統計はこうしてウソをつく

ジョエル・ベスト 著
林 大 訳

だまされないための統計学入門

DAMNED LIES AND STATISTICS:
Untangling Numbers from the Media,
Politicians, and Activists

白揚社

キャシー・ロウニーに

目次

統計はこうしてウソをつく

はじめに――最悪の社会統計

その学位論文計画書は、ある統計の引用ではじまっていた。読者の関心を引くためのものだった。(学位論文計画書とは、博士号――学者志望者にとっての究極の信任状――を取るための研究プロジェクトを提案する長ったらしい文書のことだ。) この学位論文計画書を読む教授たちが研究を監督するのであり、これを書いた大学院生は、その教授たちに自分を学者らしく見せたかったにちがいない。この大学院生自身の専門分野の専門雑誌から引用した権威ある統計以上に学者らしいものがあろうか。*

*理由はやがて明らかになるが、この大学院生の名前も、引用された論文の筆者の名前も、

雑誌の編集者の名前も出さないことにした。この方々はたしかに誤りを犯したが、その誤りは、この本を読めばわかるように、ごくありふれたものだ。

そういうわけで、その学位論文計画書は、次のような（念入りに脚注がつけられた）引用ではじまっていた。「米国で銃によって殺される子供の数は、一九五〇年以来、年ごとに倍増している」。その大学院生の学位論文審査委員を勤めていた私は、その引用を読んだとき、その大学院生が写しまちがいをしたのだと思った。そこで図書館に行き、その大学院生が挙げた、ある雑誌に載った論文に当たってみた。その雑誌の一九九五年の巻に、まったく同じセンテンスがあった。「米国で銃によって殺される子供の数は、一九五〇年以来、年ごとに倍増している」。

私は、これを「疑わしい主張大賞」にノミネートする。いまだかつて、これほどひどい——つまり、不正確な——社会統計はなかったかもしれない。

この統計がどうしてそれほどひどいと言えるのか。便宜上、かりに一九五〇年に米国で銃によって殺された子供の数は1人だったとしよう。数字が年ごとに倍増したとすると、米国で銃によって殺された子供の数は、一九五一年には2人、一九五二年には4人、一九五三年には8人だったことになる。そして、一九六〇年には1024人、一九六五年には3万2768人になる(FBIは、一九六五年に、犠牲者が子供である場合も大人である場合も含め、米国全体で殺人事件を9960件しか確認していない)。さらに数字は一九七〇年には100万、一九八〇年には**10億**(当時の米国の総人口の4倍以上)を超える。そして、そのわずか3年後には、米国で銃によって殺された子供の数は、86億(当時の地球の人口のおよそ2倍)になる。さらに、一九八七年、米国で銃によって殺された子供の数は、これまでに存在した人間の総数の最も確かな推定値(1000億)を超える(1370億)。この論文が発表された一九九五年には、1年間に米国で銃の犠牲になった子供の数は、**35兆**を超えていたことになる。これは、とんでもない数だ。経済学や天文学以外ではめったに出会わない数量である。

だからこそ私は、これを「疑わしい主張大賞」にノミネートするのだ。一九九五年に米国で銃の犠牲になった子供の数を35兆だと見積もる統計以上に的はずれな社会統計はありそうもない。(どなたか、これより不正確な社会統計を見つけた方がいたら、教えていただきたい。)

論文の筆者は、この統計をどこで手に入れたのか。私は論文の筆者に手紙を書いた。すると、「児童保護基金」(CDF)の統計だという返事が来た(CDFは、子供の権利を擁護する有名な団体である)。CDFの『一九九四年版 米国の児童の現状に関する年報』[1]は、こう述べている。「1年間に米国で銃によって殺される子供の数は、一九五〇年以来倍増している」。言い回しの違いに注意していただきたい。CDFが主張しているのは、一九九四年の死者数は一九五〇年の死者数の2倍だったということだ。論文の筆者は言い回しを変え、まるで違う意味にしてしまった。

この統計の由来は調べてみる価値がある。それは、一九五〇年から一九九四年までの間に銃で撃たれて死ぬ子供の数が倍増したとCDFが述べたことにはじまる。これは、よく考えるとそれほど劇的な増加ではない。この期間に米国の人口も増えたことを心にとめておこう。およそ73%――つまり、倍近くに――増えているのだ。人口が増えたために、さまざまなものが増えた、ほぼ倍増した。そう考えていい。そのなかには、銃で撃たれて死ぬ子供の数も含まれる。死者数が倍になったことが、事態が悪くなっていることを指し示しているのかどうかを判断するには、もっと多くのことを知らなければならない。*CDFの統計からは、他にもさまざまな問題が持ち上がる。この統計はどこから出てきたのか。銃で撃たれて死ぬ子供の数を、誰が、どうやって数えているのか。「子供」をどういう意味で使っているのか（暴力をめぐるCDFの統計には、25歳以下の人をすべて子供に含めているものがある）。「銃によって殺される」という言い方をどういう意味で使っているのか（銃による死亡に関する統計では、しばしば、殺人とともに自殺や事故死も数えられている）。しかし、統計に出会ったとき、世間の人がこのような疑問をもつことは、まれだ。たいていの場合、たいていの人は、**疑いもせずに統計を受け入れる。**

＊たとえば、子供の犠牲者だけが問題なら、慎重に分析するには、この二つの時点の子供の数を考慮しなければならない。また、銃で撃たれて死ぬ子供の数を数える方法がこの間に変わらなかったことを確かめなければならない。

論文の筆者がCDFの主張について批判的に問いを立てなかったのは、間違いない。この統計に注目し、**引写し**した――というか、引写しするつもりだったのだ。実際には、CDFの主張と違う言い回しをして、**突然変異統計**をつくりだしてしまった。もとの統計とは似ても似つかない統計だ。

ところが、世間の人々は、突然変異統計を他の統計と同じように扱う。どんなに疑わしい統計も、疑いもせずに受け入れてしまうのだ。たとえば、先の論文の掲載を許した編集者は、銃の犠牲になる子供の数が年ごとに倍になるということが何を意味するかを考えもしなかった。そして、人々はひどい統計を受け売りする。大学院生は、ゆがめられた統計を引写しして、学位論文計画書に盛り込んでしまった。他にも、この論文を読んでこの統計に注目し、これを記憶するなり、あるいは口にするなりした人がいたかもわからない。この論文は、今なお何百という図書館の棚に置かれており、劇的な引用を求める人がこれを利用できる。ここから引き出すべき教訓は明らかなはずだ。**間違った統計は生きつづける。独り歩きするのだ。**

この本は、おかしい統計についての本、おかしい統計がどこから生まれ、なぜなかなか消え去らないのかについての本である。なかには、生まれながらにしておかしい統計もある。当て推量や怪しいデータだけに基づいているため、はじめから間違っているのだ。突然変異を起こす統計もある。写し間違えられておかしくなるのだ（先の論文の筆者がおこなった独創的な言い換えの場合のように）。いずれにしても、おかしい統計は重要性を秘めている。世間の人々の憤激や恐怖をかきたてるのに使えるし、私たちが自分の住む世界に対して抱く理解をゆがめることもある。また、私たちは政策を決めるうえで、おかしい統計に頼ってまずい選択をしてしまいかねない。

おかしい統計に気をつけなければならないという観念は、目新しいものではない。誰でも、「統計を使えば何でも証明できる」*という言葉を耳にしたことがあるだろう。この本の表題 *Damned Lies and Statistics*（真っ赤な嘘と統計）は、有名な警句、「嘘には三つある。普通の嘘と、真っ赤な嘘と、統計だ」(2)（普通、マーク・トウェインかベンジャミン・ディズレイリの言葉とされる）からとった。40年以上にもわたって版を重ねている『統計でウソをつく法』(3)という便利な薄い本さえある。

＊このような批判には長い歴史がある。社会評論家のトーマス・カーライルは、一八四〇年に出版した『チャーティズム』という本のなかで、こう述べている。「ある機知に富んだ政治家が、数字を使えば何でも証明できると言った」。

というわけで、統計は評判が悪い。統計は間違っているかもしれない、統計を使う人は「嘘をついている」——数字を用いて真実をゆがめ、私たちを操作しようとしている——かもしれないと私たちは疑う。だが、同時に私たちは統計を必要としている。統計に頼って、私たちの複雑な社会の本質を要約し解明しようとする。社会問題について語るときは、とりわけそうだ。社会問題をめぐる論争では決まって、統計によって答えを出さなければならない疑問が持ち上がる。この問題は拡がっているのか。どれくらいの数の人に——また、どんな人に——影響を及ぼすのか。悪化しているのか。社会はどんな損害を被るのか。対処するにはどれだけの費用がかかるのか。このような問いに説得力のある答えを出すには証拠が必要であり、それは普通、数字、計測値、統計のことだ。

だが、統計を使えば、何でも証明できてしまうのではないか。それは、「証明」が何を意味するかによる。たとえば、毎年、どれだけの数の子供が「銃によって殺される」のかを知りたいのなら、当てずっぽうで言い当てるわけにはいかない。１００とか、１０００とか、１万とか、35兆とかいった数を思いつきで言ってみてもしかたがない。でたらめな当て推量が何かの「証明」になっていると考えるべき理由などないのは明らかだ。しかし、警察や救急処置室や検死官が保管している記録を利用して、撃たれた子供の数をつかむことはできる。入念で完全な記録を収集すれば、銃で撃ち殺された子供の数がかなり正確につかめるかもしれない。その数が十分正確に思われれば、それを確かな証拠——つまり証明——と考えていい。

　おかしい統計をめぐる問題の解決法は、統計をすべて無視したり、あらゆる数字は間違いだと考えたりすることではない。おかしい統計もあるが、ごくまともな統計もあるし、社会問題について分別をもって語るには、統計——よい統計——が必要となる。そうなると、解決法は、統計を捨ててしまうことではなく、私たちが出会う数字を判定する力を高めることだ。統計について批判的に考える必要がある。少なくとも、銃で殺される子供の数は一九五〇年以来年ごとに倍になってはいないのではないかと疑うくらいには批判的に。

　以前、数学者のジョン・アレン・パウロスが「数字オンチ」について『数字オンチの諸君！』[4]という薄くておもしろい本を書いた。数学の基本原理に親しんでいなければ、数字に出会ったとき正しい判断を下せないのに、数学の基本原理に親しんでいる人があまりにも少ないとパウロスは論じる。これが、おかしい統計がこんなにたくさんある一つの理由であるのは疑いないが、理由は他にもある。

社会統計は社会を描きだすものだが、社会の事情の産物でもある。私たちの関心を社会統計に向けさせる人たちは、理由があってそうしているのだ。必ず何かが目当てなのである。統計を繰り返し伝え世間に広めるリポーターなど、メディアの人々に独自の目的があるのと同じように。統計は特定の目的のために用いられる道具である。統計について批判的に考えるには、統計が社会のなかに占める位置を理解することが必要だ。

私たちは自分と意見の異なる人々——異なる政党を支持するとか、異なる信念をもっているとかする人々——が示す統計には割に疑ってかかることが多いかもしれないが、おかしい統計は、ありとあらゆる主義主張のために使われている。右の保守派によっても左のリベラル派によっても、また、大企業や強大な政府機関によっても、さらに貧しい人々や権力をもたない人々を擁護する人たちによっても用いられる。私はこの本で、このようなさまざまな方面から例を選ぶよう努めた。私が反対する主義を正当化するために掲げられた統計とともに、私が支持する主義を正当化するのに使われたおかしい統計も選んだ。愉快なことではないが、誰がこの本を読んでも、自分が支持する主義のために提示されたおかしい統計の例が一つくらいは見つかるだろう。誠実であろうとするなら、意見を異にする人々の思考の誤りだけでなく、自分自身の思考の誤りも直視しなければならない。

この本を読めば、社会統計の用いられ方に対する理解を深めることができ、統計に出会ったとき、判断を下す力を高めることができる。この本の内容を理解するには、高度な数学の知識は必要ない。この本で扱うのは、最も基本的な種類の統計、つまり、パーセンテージ、平均、率——統計学者が「記述統計」と呼ぶもの——だ。普通、統計学入門コースの一週目くらいに扱われる種類の統計である。（もっと後で、また上級のコースでも「推論統計」が扱われるが、これは複雑な推論であり、この本では無視する。）この本は、「アメリカン・ソシオロジカル・レヴュー」などの学術雑誌に掲載される統計表よりも夜のニュースで耳にする数字について評価を下すのに役立つ。私たちは、本当におかしい統計のサインを見逃さないようになることを目標とする。殺される子供の数が年ごとに倍になるという主張を信じたり——まして受け売りしたり——せずにすむように。

1　社会統計の重要性

19世紀の米国人は売春の拡がりに気をもんでいた。改革論者は、「社会悪」という言葉で売春を指し、多くの女性が売春をしていると警告した。どれだけの女性が？　ニューヨークだけについても、何十もの推計があった。たとえば一八三三年、改革論者たちが、ニューヨークにいる売春婦の数は「1万人は下らない」と断言する報告を発表した（1万人は、当時のニューヨークの女性人口の10％に相当する）。一八六六年、ニューヨークのメソジスト教会の監督は、ニューヨークには売春婦がメソジスト派信徒よりたくさん（1万1000人から1万2000人）いると主張した。この時代には、ニューヨークには売春婦が5万人もいるという推定まであった。こうした改革論者たちは、売春が蔓延しているという報告に突き動かされて当局が行動を起こすことを期待したが、改革論者たちの挙げる数字に異議を唱えるのが、当局者の一般的な反応だった。警察や大陪審はさまざまな調査をして、もっと低い推定値を出していた。たとえば、一八七二年の警察の報告によると、売春婦は1223人しかいなかった（その頃までに、ニューヨークの女性人口は50万近くになっていた）。歴史家は相対立する統計にはっきりしたパターンを見いだしている。聖職者と改革論者は「統計をふくらませる傾向があ」り、「警察は売春の拡がりを少なめに見積もる傾向がある」[1][2]。

売春に反対する改革論者たちは、大きな数字を使って、世間の人々の憤激を呼び起こそうとした。大きな数字は、大きな問題があることを意味した。ニューヨークに売春婦が何万人もいるとすれば、何とかしなければならない。これに対して警察は、売春婦は比較的少ないと反論した。警察がきちんと仕事をしているという証拠だ。この統計の対立に似た論争がその後も起こっている。たとえば、米国でロナルド・レーガンが大統領だった時期に、ホームレスが300万人いると活動家たちが主張する一方、レーガン政権は、実際のホームレスの数はむしろその10分の1の30万に近いと主張した。言い換えれば、活動家たちは、ホームレスは新たな社会プログラムを要する大問題だと主張し、政府は、実際には問題はもっと小さくて扱いやすく、これに対処するのに新たなプログラムは要らないと主張したのだ。双方とも、自らが主張する政策を正当化する統計を示し、相手の挙げる数字を批判した。活動家たちは政府の挙げる数字を、明らかな大問題をおおいかくそうとする試みだと嘲笑し、政府は、活動家の挙げる数字は現実ばなれした誇張だと主張した。[3]

このように、統計は社会問題と社会政策をめぐる政治闘争の武器となる。異なる立場の論者が数字を使って、自分の論点を裏づけようとする（「大問題だ！」「いや、そんなことはない！」）。そして、19世紀に出された売春の拡がりに関する推定値の例からわかるように、統計が武器として用いられてきた。

社会統計の台頭

そもそも、最初の「統計」は、社会問題をめぐる論争に影響を及ぼすことを目的とするものだった。統計という意味の英語 statistics が今日の意味を帯びるようになったのは、一八三〇年代、ニューヨークの改革論者たちが、ニューヨークには売春婦が1万人いると見積もった頃のことだ。統計の先駆けは、「政治算術」と呼ばれた。これはおもに人口と寿命を計算しようとするもので、17世紀のヨーロッパ、とりわけイングランドとフランスに現れた。分析者は、出生と死亡、結婚を数えようとした。それは、人口が増えるのは国家が健全な状態（state）にある証拠だと信じていたからだ。このような数値的調査――および社会的、政治的繁栄の非定量的な分析――をおこなう人たちは、statist と呼ばれるようになった。やがて、statist による社会調査から、定量的な証拠を指す新しい言葉、statistics が生まれた。[4]

初期の社会研究者たちは、社会についての情報は政府が賢明な政策を立案するうえで役に立つと考えた。この人々は当時の科学の発展をよく知っており、他の科学者と同じく、正確さと客観性を重視するようになった。計数――数量化――によって、研究の精密さを高め、多くの情報を要約することができた。やがて社会研究は理論的な面が小さくなり、定量的な面が大きくなっていった。研究者たちは、データを集め、分析するうちに、パターンを見いだすようになった。毎年の出生と死亡の数、そして結婚の数まで、比較的安定していることを発見した。このことから、社会の諸事情の根底には秩序があり、社会で起こることは単に政府の最近の行動だけに左右されるのではないと思われ、分析者たちは、根底にある社会的条件にこれまでより関心を向けるようになった。

19世紀のはじめには、社会秩序がとりわけおびやかされているように思われた。都市はこれまでになく大きくなり、経済は工業化しはじめていたし、米国とフランスの革命によって、政治的安定を当たり前のこととは見なせないということがはっきりした。情報の必要性、社会政策の指針となる事実の必要性は、かつてなく大きくなっていた。さまざまな政府機関が統計を収集、発表しはじめた。米国とヨーロッパのいくつかの国は、人口統計を集めるために定期的な国勢調査をおこないはじめた。警察は犯罪と犯罪者の数を記録しはじめた。医師は患者の記録をつけた。教育者は学生を数えた、等々。学者は統計学協会を組織して、研究結果を分かち合い、統計を集めたり、解釈したりする最善の方法を論じあった。また、19世紀の数多くの社会問題——貧困と病気、売春と児童労働、工場労働と、土地を失った農業労働者の問題——に取り組もうと試みた改革論者は、苦しみの拡がりと深刻さを示すうえで統計が役に立つと気づいた。統計は政府当局者と改革論者の双方に、自分の言い分が正しいという証明を与えた。数字は主張に一種の精密さを与えた。改革論者は、漠然と定義された問題として売春を語るのではなく、科学的、数値的な主張をしはじめた（たとえば、ニューヨークには売春婦が1万人いると）。

そういうわけで19世紀に統計——社会生活に関する数値——は、社会問題を記述する権威ある方法となった。科学を重んじる態度が広まりつつあり、統計があれば、科学の権威をもって社会政策をめぐる論争に勝負をつけることができた。また現に、最初の統計学者たちは主としてそれを目指した。数を数えることによって社会を研究し、その結果出てきた数字を用いて、社会政策に影響を及ぼそうと志したのだ。そして、成功した。統計は社会問題を測定する最善のすべとして広く受け入れられた。今日なお、統計はこうした問題を理解するうえで中心的な役割を果たしている。しかし、19世紀から今日まで、社会統計には二つの目的があった。一つは公式のもの、一つは隠されたものだ。公式の目的は社会を正確にありのままに記述することである。しかし、人々は社会問題についての特定の見方を支えるためにも統計を用いる。数字が政治的闘争の武器となるため、数字がつくりだされ、繰り返し伝えられる。そして、しばしば、数字は数字であるがゆえに正しいにちがいないという主張の陰に政治的意図は隠されてしまう。人々は特定の見解を裏づけるために統計を用いるのであり、誰がなぜその数字を用いているのかを検討することなく、数字を正確なものとして受け入れてしまうのは、単純素朴すぎる。

社会問題をつくりだす

私たちは社会問題を、重力や地震のような、人間の行動とは無関係に存在する現象と考えがちだ。しかし、そういう考えが正しくないことは、社会問題という言葉そのものが明らかにしている。社会問題は人々の行動の結果なのだ。

二つの意味で、そう言える。第一に、私たちは社会問題を社会構造の混乱や欠陥として思い描く。社会問題は社会の諸事情に原因がある。売春に走る女性がいたり、家のない人がいたりすると、私たちは、社会が失敗したのだと考える(ただし、その失敗が、仕事が足りないことにあるのか、子供に適切な道徳教育をおこなっていないことにあるのか、他のことにあるのかをめぐって、意見が分かれるかもしれない)。たいていの人は、社会問題がこの意味で社会的なものであることを理解している。

しかし、社会問題が社会的なものである理由がもう一つある。社会問題に私たちの関心を引き、名前をつけ、原因と特徴を記述するなどする人がいなければならないのだ。社会学者は、社会問題が「構成」されると言う。それはつまり、活動家、当局者、ニュースメディアその他の人々の活動によってつくりだされる、あるいは組み立てられるということだ。(5) 「社会問題」とは、私たちがある種類の社会的状況につけるラベルであり、このラベルのせいで、私たちが当たり前のことと考えていた状況が、私たちが困ったことと見なすものに変わるのである。だから、社会問題を特定し、世間に伝えるプロセスは重要だということになる。売春なりホームレスなりを社会問題と考えはじめるとき、私たちは、その問題に対する関心を呼び覚まそうとする改革論者の運動に反応しているのだ。

新しい社会問題の登場は、一種の社会的なドラマと見ることができる。その登場人物はだいたい決まっている。主役を演じるのは、しばしば**社会活動家**だ。運動を推し進め、他の人々の意識を問題に向けさせることに献身する人たちである。活動家は抗議デモをおこなって新しい社会問題に人々の関心を引き、メディアの報道を引きつけ、運動に新たなメンバーをリクルートし、この状況を何とかするよう当局者を説得するといったことをする。社会問題に対する認識を高めるうえで、最も目立つ役割を果たしている人々だ。

活動家は、うまくいけば、他の人たちから支持を取り付けることができる。マスメディアは——報道機関の人々（新聞やテレビのニュース番組の記者）と娯楽メディア（たとえば、テレビのトークショー）の両方を含め——活動家の主張を一般大衆に伝える。記者はしばしば、その主張を興味を引くニュースや記事にしやすいと見る。新たな社会問題は新しい話題であり、多くの人々に影響を与え、著しい脅威となりかねず、関係する人々の暮らしを変えるさまざまな提案につながるかもしれない。報道、とりわけ同情的な報道は、何百万もの人々の意識を社会問題に向けさせ、関心を抱かせることもある。活動家はそういう報道をしてもらうためにメディアを必要とし、メディアは伝えるべきニュースを得るために活動家などの情報源に頼る。

また、しばしば活動家は、何らかの社会問題の原因と結果について語る特別な資格があると考えられる**専門家**――医師、科学者、経済学者など――の支持も取り付ける。専門家はその問題について調査をしたことがあれば、自分が発見したことを伝えることができる。活動家は社会問題についての主張に権威をもたせるために専門家を利用し、マスメディアは新たな問題をめぐる報道に説得力をもたせるために専門家の証言に頼る。そして、専門家は活動家とメディアから注目され、敬意を集める(6)。

社会問題はすべて孤軍奮闘している活動家によって宣伝されるわけではない。新たな社会問題をつくりだすのは、強力な組織・団体のなせる業であることもある。政府の**公職に就いている人々**で、問題を喧伝する者には、選挙キャンペーン上の争点をつくりだすために懸念を呼び起こそうとする著名な政治家もいれば、何らかの社会問題を解決すべく自分の省庁のプログラムを拡張するよう提案する無名の官僚もいる。それに、**企業、財団その他の民間組織**も時として、特定の社会問題を喧伝する動機をもっていることがある。公的組織と民間組織は、社会問題をつくりだすのに有効な運動を組織するうえで必要な資源を活用できる。専門家を雇って調査をおこなったり、活動家を後援したり、メディアが注目するよう、その運動を宣伝したりす

る資力がある。(7)

言い換えれば、私たちが何らかの社会問題に気づき、心配しはじめるのは、普通、さまざまな**問題宣伝者**——活動家、記者、専門家、公職者、民間組織——の努力の結果である。その人々が努力して、これは重要な問題であり、注目に値する問題であるという意識を生じさせたのだ。この意味で、人々が意識的に社会問題を構成すると言える。*

＊私は社会問題に注意を促すことが悪いと言っているのではない。そもそも、この本自体が、「おかしい統計」という問題を、人々が懸念すべき問題として構成しようとする私の努力の産物と見なせる。

社会問題をつくりだすなり、宣伝するなりする努力は、とりわけ注目されはじめたときには、反論を呼び起こすことがある。時には公職者が現行の政策を十分なものだと弁護するという形で反応することもある。ニューヨーク警察は市内の売春婦の数を最小限に見積もり、レーガン政権は、活動家たちはホームレスの数を誇張していると主張した。また、民間から反対の声が上がる場合もある。たとえば、タバコ業界に資金面で支えられている米国タバコ協会は、何十年にもわたって、喫煙は有害だという調査結果にことごとく異議を唱えてきたことで悪名高い。統計は新たな社会問題をつくりだす——あるいは社会問題をめぐる主張を弱める——うえで重要な役割を演じる。このような統計はたいてい問題の規模を物語る。ニューヨークには売春婦が1万人いるとか、ホームレスが300万人いるとか。社会問題がはじめて、たとえばテレビのニュースリポートで伝えられるとき、私たちはまず、普通、一つか二つの例（たとえば都市の路上で暮らすホームレスについてのVTR）を与えられてから、統計的推定値（ホームレスの数の推定値）を示される。一般的にそれは大きな数字である。私たちは大きな数を見て、この問題は蔓延しており、これに注目し、これを懸念し、行動を起こさなければならないという警告を読み取る。数字は「動かぬ事実」――争う余地のない真理――のように思われるので、メディアは統計を伝えるのを好む。新たな社会問題にメディアの関心を引こうとする活動家は、しばしば報道機関から統計を求められる。記者は問題の規模についての推定値を要求する。どれだけの人が影響を受けるのか、どれだけの損害があるのかなど。専門家、公職者、民間組織は普通、問題について調査をおこなったと報告し、調査に基づいて統計を提示する。つまり、新たな社会問題を創造するうえで重要な役割を演じる人々すべてに、統計を提示する理由があるのだ。

　ほとんどの場合でも、問題を宣伝する人は統計を武器として使う。人々の関心をある問題に引きつける、あるいはその問題から関心をそらす、また、人々の懸念を高める、あるいは打ち消す数字を選ぶ。人々は、自分の見方を裏づけ、自分の考え方を他の人たちに受け入れさせるために統計を使う。大問題だと自分が思う事柄を認知してもらおうとする活動家は、その問題が本当に大問題であることを証明するように思われる統計を示す（そして、問題を小さく見せかねない統計があれば、それを軽視ないしは無視する、あるいはそれに異論を唱えるかもしれない）。専門家の研究対象が大きく重大な問題であれば、その研究が（それに専門家そのものも）重要に思われるのと同じで、大きな問題のほうが興味をひくニュースになるので、メディアは大きな問題に対する不安をかきたてる統計を好む。そのため、人々は自分の立場、目標、利益を支持する統計を提示する。この傾向を表現した古い言葉がある。「数字は嘘をつかなくても、数字で嘘をつく者はいる」。社会問題を論じる人々が統計を選りわけ、自分の観点を裏づけるために統計を提示することを承知しておかなければならない。銃規制論者は銃で殺される子供の数を伝えるだろうし、銃規制に反対する人々は、銃で攻撃から身を守った市民の数を挙げるだろう。どちらの数字も正しいかもしれないが、銃規制を論じる人々の大半は、自分の立場を支える統計しか提示しない。(8)

数字オンチの受け手としての一般大衆

新たな社会問題に関心を引こうとする主張はたいてい、私たちすべて——つまり一般大衆——を説得することを目指している。統計その他、社会問題をめぐる主張を聞くのは私たちだ。売春やホームレスが深刻な問題だと一般大衆が納得すれば、何かがおこなわれる可能性が大きくなる。当局者が行動を起こし、新しい政策がとられるなど。だから、社会問題を創造する運動は、大衆の関心を呼び起こすために統計を用いるのだ。

これはむずかしいことではない。一般大衆は、新たな社会問題をめぐる主張を受け入れやすいもので、私たちが社会問題に関する統計を批判的に考えることはめったにない。メディアが統計を伝えるのを好むのは、数字が事実のように見えるからであることを思い起こそう。一般大衆もそう考えがちだ。私たちは普通、統計を事実として扱う。

一面、これは、私たちが数字オンチだからである。数字オンチとは、「数や確率の基本概念をうまく扱うことができない」(9)ということだ。文章を読めない、あるいは、よく読めない人がいるように、数について考えると頭が混乱してしまう人がたくさんいるのである。

数字オンチからくるよくある誤りに、大きな数どうしの区別にかかわる誤りがある。ほんの小さな子供なら1セントもらっても喜ぶかもしれないが、もう少し大きくなると、1セントどころか10セントでも大してものは買えないが、1ドルあれば何がしかは買えるし、10ドルあればさらに多く、100ドルあれば（少なくとも子供から見れば）たくさん買えることを理解するようになる。たいていの大人は、1000ドル、10000ドル、さらには1万ドル、10万ドルで何ができるかをはっきり理解しているが、その先となると、想像ができなくなってくる。大きな数はごっちゃになってしまう。100万、10億、1兆――どう違うのか。どれも大きな数だ。（もちろん、実際には莫大な違いがある。100万に対する10億の比率は、1ドルに対する1000ドルの比率と同じだ。）

大きな数どうしの違いをよくつかめないために、社会統計を無批判に受け入れてしまいがちな人が多い（社会統計では、もちろん、大きな数が問題になる）。そういう人たちは、ホームレスの数が30万でも300万でもどんな違いがあるっていうんだと言うかもしれない。いずれにしろ、大きな数だと。小さな数を扱うときにはこんな誤りは犯さない。あしたのディナーに3人くるのと、30人くるのとでは、大違いだと、誰でもわかっている。小さな数については明らかな違い（30が3の10倍であること）も、大きな数を扱うとなるとぼやけてしまう（300万は30万の10倍である）。社会がホームレスの面倒を見ようというのなら、3人――あるいは

30人——の客をディナーに呼ぶ計画をしている人と同じく、正確な数をつかむことが重要である。

数字オンチ——基本的な数学的概念をめぐる混乱——が広く見られるということは、社会問題についての統計を使った主張には、しかるべき批判的検討がなされていないものが多いということだ。それは単に、故意に不正確な統計を宣伝する人たちに数字オンチの大衆が操作されているからというだけではない。社会問題についての統計はしばしば、自らも数字オンチである誠実な善意の人々を発生源とする。そういう人は、自分が言っていることの意味するところを理解しつくしていないことがあるのだ。同様に、メディアも数字オンチを免れない。記者は普通、情報源から与えられた数字について批判的に考えたりせず、それをそのまま伝える。

結果は社会的な喜劇となりかねない。活動家は、ある問題——売春、ホームレスなど——に関心を引こうとする。報道機関は活動家に統計を求める。売春婦の数は？　ホームレスの数は？　活動家は、大きな数は大きな問題があることを示唆すると知っており、また、大きな問題が存在すると人々を納得させることができないかぎり、行動を起こさせるのはむずかしいことを知っている（それに、大きな問題があると本心から信じている）ので、活動家たちは大きな推定値をもちだし、報道機関も、その数字をチェックするすべがなく、ただそれを伝える。

一般大衆は――たいていの人は、少なくとも軽度の数字オンチなので――疑いもせずその数字を受け入れる。何しろ、大きな数だし、大きな数どうしの間の違いは実感できないのだ。

組織慣行と公式統計

私たちが統計を無批判に受け入れてしまう一つの理由は、万事心得ている専門家がそういう数字を出すものと思うからだ。こうした専門家はしばしば国勢調査局といった政府機関のために働いており、仕事の一環として統計を作成している。政府から出されるデータ――犯罪率、失業率、貧困率――は**公式統計**[10]だ。当然の傾向として、人々はこうした数字を疑うことのできない明らかな事実として扱いがちである。

これは、統計がどのように作成されるかを無視している。統計はすべて、どんなに権威のあるものでも、人間によってつくりだされる。だから必然的に欠陥があるとか、おかしいとかいうのではなく、私たちが出会う統計がどのようにつくりだされるかを問いなおすべきだということだ。

たとえば、あるカップルが結婚しようと決めたとする。結婚するには、役所に行って結婚許可証をもらい、結婚式を執りおこなう人に許可証に署名し提出してもらわなければならない。役所は定期的に、提出された許可証の数を数え、結婚件数についての報告を出す。これは比較的簡単な記録だが、ここで注意すべきことは、結婚統計の正確さは世のカップルがこの手続きにどれほど進んで協力するかにかかっているということだ。たとえば、許可証をもらわずに「結婚する」ことにしたカップルを想像しよう。結婚式を挙げても、この結婚は公式記録ではカウントされない。あるいは、結婚せずに同棲するカップルを考えよう。こういう人たちの生活状態についての公式記録はない。さらに記録をつける際の問題がある。結婚を記録し、数える方法は正確なものなのか。それとも、間違いが起こりうるのか。こういう例を考えてみると、公式の結婚件数は、何を、どう数えるかという役所の決定を反映していると気づく。

では、もっと複雑な例を考えよう。自殺についての統計だ。一般的に、人が死んだとき、それが自殺であるかどうかは検死官が決める。これは比較的簡単にいく場合もある。死んだ人が、自殺する意志をはっきり述べた書き置きを残しているときだ。しかし、書き置きがないこともしばしばで、検死官は、それが自殺であることを指し示す証拠を集めなければならない。故人は鬱状態だったことがわかっているとか、密室で死んだとか、死因は頭に銃弾が打ち込まれたことで、それは自分でやったものと思われるとかいったことだ。ここで起こりうる誤りは二つある。一つは、実際には別の原因があったのに、自殺と断定してしまう可能性（ミステリー小説では、しばしば他殺が自殺のように偽装される）。もう一つは、実際には自殺なのに、別の死因によるものと判定してしまう可能性だ。こちらの危険性のほうが大きいだろう。というのも、自殺する人のなかにはそのことを隠したがる人もいるからだ（たとえば、1台の自動車しか絡んでいない交通死亡事故のなかには、家族が恥ずかしい思いをしないように、また保険金を受け取れるように、事故に見せかけた自殺もある）。さらに、遺族が身内の自殺を恥じて、事故といった別の死因によるものとするよう検死官に圧力をかけるかもしれない。

言い換えれば、自殺についての公式記録は、曖昧であることもある死亡状況で検死官が死因について下す判断を反映している。自殺という行為は一般に秘密裡に――普通、ひとりっきりのときに――おこなわれる。そして、動機は必ずしもわかるわけではない。「自殺」、「他殺」、「事故」などという判定が間違っていることもあるはずだ。間違いがどのくらいよく起こるのか、正確には知りようがないが。また、検死官が死体を検査する仕方は人によって異なるかもしれないことにも注意しよう。比較的、自殺という判定を下したがる検死官と、そうしたがらない検死官を想像してみるとよい。二人が同じ何人かの死体を見たら、第二の検死官より第一の検死官のほうが、ずっと多くの死者を自殺者と判定するかもしれない。(11)

検死官が自分の職務を、自殺率の統計を作成するというより、個々の死を分類し、それぞれに適切なラベルを与えることと見なしていることを理解するのが大切だ。検死官事務所から出される統計（たとえば、過去1年間に管轄区域で起こった自殺の総数）は、検死官が現実にしている仕事（個々の死の分類）の副産物である。つまり、検死官はおそらく、さまざまなケースで下した決定から出てくる統計を正当化できるかどうかより、個々のケースで下した判定を正当化できるかどうかを気にかけているだろう。

自殺記録の例を考えると、公式統計はすべて、さまざまな公務員による決定の産物――しばしば副産物――であることが明らかになる。検死官だけでなく、書類に記入し、ファイルにしまうただの事務員や、要約報告を作成する検査官などが下す決定の産物だ。こうした人々が選択をおこない（そして、時として誤りを犯し）、それが最後に、この人たちの属する組織・機関から出てくる統計を形づくり、また、そういう選択は組織という枠組みの中でおこなわれる。たとえば、法律によって、検死官は規定されたいくつかの死因、つまり他殺、自殺、事故死、自然死のなかからどれかを選ばなければならない。死因のリストは私たちの文化を反映する。だから、私たちの法律は、検死官が「魔術」を死因のリストに入れることを許さない。だが、他の社会では魔術はもっともな選択肢と考えられているかもしれない。私たちは、検死官に異なる選択肢を与える異なる法律を想像できる。自殺のカテゴリーがない法律があるかもしれない。自殺する人を病気と考え、自殺を自然死とする法律、あるいは自殺を他殺とひとくくりにして、人間によって引き起こされた死というカテゴリーに入れる法律もあるかもしれないのだ。言い換えれば、公式統計は、社会学者が**組織慣行**と呼ぶものを反映する。組織の文化と構造が公務員の行動を決め、そうした行動が、最後に現れる統計を決定する。

それでは、さらに込み入った例を考えよう。警察官の仕事は面倒なものだ。秩序を維持し、法を執行し、さまざまな形で市民を援助しなければならない。検死官が死因を判断するときにしなければならない選択は比較的少ないのに対して、警察は実にさまざまな決定を下さなければならない。たとえば、家庭内の争い（たとえば夫婦喧嘩）が起こっているとの連絡を受けたとき、警察には、定義が比較的曖昧ないくつかの選択肢がある。誰かを逮捕すべきかもしれない。妻は夫が逮捕されるのを望んでいるかもしれない。あるいは、そうは望んでいないかもしれない。警察官は、ひと晩、離れ離れで過ごすよう夫婦に勧めるべきかもしれない。妻を女性のための駆け込み寺に連れていくことを申し出るべきかもしれない。夫婦に話しかけて落ちつかせようと試みるべきかもしれない。それがうまくいかず、次の選択肢として逮捕か駆け込み寺を選ぶかもしれない。争いはすでにおさまった、あるいは、それほどまずいことは起こっていないと判断するかもしれない。警察は、そういった場合にどう対応すべきかについて決定を下さなければならない。こうした選択肢のすべてではないだろうが、一部は公式統計に反映される。警官が誰かを逮捕すれば、それは逮捕統計に記録されるが、警官が非公式に処理する(夫婦に話しかけて落ちつかせる)ことにすれば、この一件は統計に記録されないかもしれない。警官がどんな決定を下すかは、多くの要因による。家庭内で争っているという連絡がきたのが、警官の勤務時間が終わるころなら、手っとり早い解決法をとりたがるかもしれない。その町の警察が、家庭内の争いを厳しく取り締まるという新しい方針を打ち出していれば、それだけ警官が逮捕をおこなう可能性が大きい。それぞれさまざまな事情で決まるこうした決定すべてが、警官の行動に関する統計に影響を及ぼす[12]。

先に論じた、結婚に関する記録と検死官による自殺の判定の例からも、家庭内の争いに対処する警官の例からも明らかになるように、公務員はさまざまな決定(結婚記録については比較的簡単で、検死官の場合はもっと込み入っていて、警察の場合はさらに厄介であるが)を下し、公式統計はそうした決定の副産物であり(警官は、検死官ほども自分の決定の結果生まれる統計のことを考えないだろう)、組織慣行はそうした決定の背景をなす(結婚記録の保管の仕方についてはばらつきが比較的少ないかもしれないが、検死官事務所ごとの組織慣行の違いはもっと大きいだろうし、警察が複雑な決定をおこなう仕方にいたっては実に多様で、自治体によって、また警官によって異なる)。要するに、公式統計でさえ社会の産物であり、それをつくりだす人々や組織によって決まるのである。

統計を社会的産物として考える

学ぶべき教訓は明らかなはずだ。統計は——犯罪発生率、失業率、人口といった公式統計さえ——社会的活動の産物である。私たちは、統計が人間とはまったく無関係に岩のようにただそこにある事実であり、石のコレクターが石を拾うように人々が統計を集めるかのごとく、統計について語ることがある。これは間違っている。統計はすべて、人々の行動によって創造される。何をどう数えるかを人間が決定しなければならず、計数その他の計算を人間がやらなければならず、その結果出てくる統計を人間が解釈し、数字が何を意味するかを判断しなければならない。統計はすべて、社会的産物、人々の努力の結果である。

このことを理解すれば、数字を無批判に真理・事実として扱って単純に統計を受け入れたりすべきではないことがはっきりする。人間が統計を創造するのなら、こうした数字の価値を検討しなければならない。よい統計もある。よい統計は、社会問題を注意深く正確に客観的に測ろうとする人々の最善の努力を反映している。だが、おかしい統計もある。間違っているかもしれない、それもとんでもなく間違っているかもしれない数字だ。私たちは、まともな統計とおかしい統計をえりわけることができなければならない。新たな統計に出会ったとき立てるべき基本的な問いが三つある。

1 **誰がこの統計をつくったのか**。どの統計にも作成者がいる。ある数字が特定の個人から出ていることもある。また、大きな組織（たとえば、国勢調査局）が作成主体を名乗っている場合もある（ただし、それぞれの統計が組織のなかにいる特定の人々の仕事を反映していることは疑いない）。

誰が作成者であるかを問うとき、ある数字を出した特定の個人の名前よりも、その人が統計をめぐる社会的ドラマのなかで演じる役割に関心をもつべきだ。その統計の出所は、ある社会問題への関心と懸念を呼び起こそうとしている活動家なのか。その数字は、この問題にニュースとしての価値があることを証明しようとするメディアによって伝えられているのか。また、ある社会現象を日常的に記録しており、数字が示す事柄に利害関係のない公職者、官僚が出したものなのか。

2　**この統計はなぜつくられたのか**。統計を作成した人がどういう人であるかは、しばしば動機を探る手がかりとなる。一般に活動家は自分の主張を宣伝し、社会問題に関心を引きつけようとする。だから、活動家は大きな数字を好み、そういう数字を掲げる可能性が大きく、それを批判的に見る可能性が小さいと想像される。売春婦やホームレスがたくさんいると改革論者が叫ぶとき、私たちは、数字がそれほどでなかったら、改革論者の主張はそれほど説得力がなかったかもしれないということを弁えておく必要がある。一方、小さな数字を好む人もいるかもしれないことに注意すべきだ。ニューヨーク市警当局が、自分たちがきちんと務めを果たしている証拠として、市内には売春婦がほんのわずかしかいないことを示す数字を出したことを思い出せばいい。統計を出す人たちがしばしば、数字が示しているものに関心をもち、数字を説得の道具として用いることを意識する必要がある。

3　**この統計はどのようにつくられたのか**。作成者が何らかの視点をもっているとか、ある社会問題を深刻なものと見ているというだけで、統計の価値を割り引いて考えるべきではない。むしろ、作成者がどのようにしてその統計に達したのかを考えなければならない。統計はすべて不完全なのだが、そのなかでもはなはだしく不完全なものがある。当てずっぽうの数字と、慎重に立案された調査によって得られた数字の間には大きな違いがある。これこそ肝心な問いだ。社会統計はすべて誰かがつくるものであるということ、社会統計を作成する人はみな、何かを（たとえそれが自分たちは慎重で信頼でき偏向していないということであれ）証明したいと思っているということを理解すれば、統計をつくりだす方法こそが鍵であることがはっきりする。この本では、これ以降、この第三の問題に焦点を合わせる。

本書の構想

以下の章では、社会問題の創造と解釈をめぐる最もよく見られる重要な問題をいくつか論じる。第2章では、おかしい統計が生まれてしまう四つの基本的な原因、つまり的はずれな当て推量、人を欺く定義、混乱を引き起こす質問、標本の偏りを検討する。第3章では、突然変異統計を見る。まともな統計ですら、どのような形でゆがめられ誤用され誤解されうるかを見る。第4章では、統計を使った比較の論理を論じ、二つ以上の時期、場所、集団、社会問題を比較するときに最もよく起こる誤りをいくつか考察する。第5章では、統計をめぐる論争を考える。最後に第6章では、統計について考えるための三つの一般的アプローチを検討する。

2　ソフトファクト——おかしい統計の根源

ある児童保護推進論者が、毎年３０００人の子供がインターネット上のメッセージにおびきだされて、誘拐されていると米国議会で述べた。反タバコ運動家は、タバコのせいで毎年40万人が死んでいると主張する。飢餓撲滅活動家は、３１００万人の米国人が常時「飢えに直面している」と言う。報道機関はこうした統計を事実として伝えるが、誰かが何らかの方法でこうした統計を生みだしたはずだ。しかし、どうやって生みだしたのだろう。どの誘拐がインターネット上で誘惑することによっておこなわれたのかを記録する法執行機関があるのだろうか。肺がん死のうちどれがタバコを原因とし、どれが汚染された空気を吸ったことなど他の原因によるものかを決める医学の権威がいるのだろうか。飢えに直面している米国人を誰が数えているのだろうか。また、そもそも「飢えに直面している」とはどういうことなのか。

第1章で、人間が統計をつくるのだと論じた。もちろん、そのとおりなのだ。人間のもつ知識はすべて――統計も含め――人間の行動によって創造される。私たちが知っていることはすべて、私たちの言語、文化、社会によって形づくられる。社会学者は、このことを**知識の社会的構成**と言う。知識が社会的に構成されるからと言って、私たちが知っていることはすべて、空想の産物だとか、無根拠だとか、欠陥があるとか間違っているということではない。たとえば、科学上の知識にはきわめて正確なものがある。あまりに正確なので、それをつくりだした人間と社会的プロセスを忘れてしまうほどだ。私がこの章を書くのに使っているコンピューターは、何世紀にもわたって蓄積された科学上の知識の粋である。このコンピューターを設計し組み立てるには、物理、化学、電気工学、コンピューター科学その他多くの科学分野の原理を理解する必要がある。このような知識が形づくられるのは、社会的プロセスだが、コンピューターは確実に作動するので、私たちはコンピューターをつくるのに利用される知識を大いに信頼している。

これは事実についての一つの考え方だ。知識は、証拠に裏づけられるとき事実であり、私たちはその正確さに強い信頼をおく。私たちがハードファクト（動かぬ事実）と呼ぶのは、説得力のある確かな証拠に裏づけられた情報だ。説得力のある確かな証拠とは、私たちの知るかぎり、いくら検討、検証しても否定できない証拠のことである。事実には常に疑問を差し挟むことができるが、事実は疑問に耐えうる。人々がこの情報をどうやって手に入れたのか。どのように解釈したのか。他の解釈は可能なのか。このような問いへの答えが満足のいくものであるほど、事実は「ハード」（確か）である。

社会についての知識は自然界についての知識より概して「ソフト」（不確か）である。社会学者が妊娠中絶に関して自分がおこなった世論調査の結果に抱くよりはるかに強い自信を、物理学者は自分が水銀原子の質量を測定して出した値に抱いている。原子の質量を測定するためのしっかり確立された、一般に承認されている手続きがあり、そのような測定は一貫して同じ結果を出すからだ。一方、社会科学者の間では、世論をどう測定するのが――あるいは、そもそもどう定義するのが――いちばんいいかについて、これほど意見が一致してはいない。

私たちは時として社会統計を単純なもの、確かな事実として扱うことがあるが、むしろ、統計がどのように生みだされるのかを考えなければならない。社会問題を喧伝する人々は他の人を説得したいと思っており、自分の主張に説得力をもたせるために統計を利用するということを思い出そう。人々が統計をつくりだす方法にはしばしば欠陥がある。つくりだされた統計は当て推量同然かもしれないし、まずい定義、欠陥のある測定、へたな標本抽出のいずれかの産物かもしれない。この四つが、おかしい社会統計をつくりだす基本的な方法である。

当て推量

新たな社会問題に関心を引こうとする活動家は、しばしば、よい統計が手に入らないことに気づく*。困った社会状況が無視されている場合、その状況についてよい統計の基礎になる正確な記録がないのが普通だ。したがって、記者から事実と数字（「この問題は正確にはどのくらい大きいんですか」）を求められても、活動家は権威のある公式の数字を出せない。

*活動家はとくにこの問題に直面しやすい（というのも、最初に世間の人々の注意をある問題に向けさせようとするのは活動家だからだ）が、新たな社会問題を喧伝しようとする人は――専門家、公職者、メディアその他の機関を代表する人々を含め――誰でも、同じ問題を抱えることになりかねない。私は、社会問題を創造するのに一役買うあらゆる種類の人を指して時として「論者」という言葉を用いるが、同じように、特定の仕方で統計を扱う唯一の人々というわけではないが、とくにそうすることが多い人々を指すのに「活動

家」という言葉を用いる。

活動家の手もとにあるのは、問題が拡がり、悪化しているという感触だけだ。活動家はそれが重要な問題だと信じているし、それについて学ぶのに、また同じ懸念を抱く人々と話すのに費やしている時間が長いのだ。すると、醸しだされた熱気のなかで、これは重大な問題だということでみんなの意見が一致する。この問題について語り合うなかで、これまで誰も注意深く記録をつけていないとすれば、その問題の事例の多く——ことによると大多数——が報道されず、記録に残っていないことになると活動家は気づく。

犯罪学者は犯罪統計に出てこない犯罪の件数を指して「暗数」という表現を用いる。(1) 理論上は市民は犯罪を警察に通報し、警察は通報を記録し、記録は犯罪率を計算するための基礎になる。しかし、通報されない犯罪もある(人々が恐怖のあまり、あるいはひまがなくて、あるいは警察は助けにならないと思って、警察に通報しないことがあるのだ)。また、警察は受けた通報をすべて記録するわけではないかもしれない。だから、犯罪率は必然的に犯罪実態を下回ることになる。公式に記録される犯罪の数と本当の犯罪の数との差が、暗数だ。

どんな社会問題にも、暗数がある。犯罪にしろ、児童虐待、貧困その他どんなものにしろ、記録されない事例がどうしてもあるからだ。暗数の大きさはどのくらいだろうか。これまで注目されたことがなかったある問題について私たちがはじめて知ったとき、そして、その問題が実際にどれほど拡がっているのかを誰も理解していないとき、その問題の発生件数全体が暗数だと考えていい。記録が非常に徹底している場合は、暗数は比較的小さいかもしれない（たとえば犯罪学者に言わせると、殺人の大多数は記録されている。死体は警察の注意を引くからだ）。

だから、新たに生じた社会問題の規模を記者や公職者に訊ねられると、活動家は普通、その問題の暗数を当てずっぽうで言うしかない。そして、知識に基づく推測、当て推量、おおよその見積もりを示す。あるとき、ABCテレビの「ナイトライン」でテッド・コペルが、一九八〇年代はじめの指導的なホームレス支援活動家のミッチ・スナイダーに、ホームレスが2、300万人いるという見積もりの根拠を訊ねると、スナイダーは説明した。「誰もが数字を出せと言うんです。数字がほしいと言う。〔…〕いろいろな人に電話をかけて、話をしてから、こう言ったんです。『わかりました。数字をお教えします』。何の意味も価値もないんです」[(2)]。活動家は新たな問題は重大だと心から信じているし、報告されていない、あるいは記録されていない事例がたくさんあると疑っているので、**活動家の見積もりは大きめになり**、事実を誇張する方向に誤差をともないがちだ。活動家の推測は、ある問題の規模を過小評価するより過大評価する可能性のほうがはるかに大きい。（また、活動家はきりのいい数字を好む。活動家の見積もりがある社会問題の頻度を年間１００万件〔あるいはその倍数〕とすることが多いのは驚きだ。[3]）

当て推量にすぎない――そして、おそらく大きすぎる数字である――からといって、普通、活動家の見積もりが不信の目で見られるわけではない。何しろメディアは、それ以上に正確な統計が見つからないからこそ、活動家に推定値を求めるのだ。記者は事実を伝えたいと思い、活動家の挙げる数字は事実らしく見え、他の数字を見つけるのがむずかしい、それどころか不可能かもしれない。だから、メディアは活動家の挙げる数字を伝える傾向がある。（「ディルバート」という漫画をかいている漫画家のスコット・アダムズは、このプロセスをこう説明する。「記者は日々、苦労して事実を調査するか、ひとが教えてくれることを何でも書くかの選択に直面する。どちらのやり方をとっても、給料は同じだ。[4]」）

ひとたびある数字がある報道に現れると、その報道はその社会問題に関心を抱く人すべてにとって情報源となりうる。公職者、専門家、活動家、記者は日常的に、報道に現れる数字を繰り返して伝える。**数字は独り歩きし、「ナンバーロンダリング」（数字洗浄）を経る。**[5] もともとは誰かの推測だったということが今や忘れさられ、受け売りされることで事実――正確で権威ある数字——として扱われるようになる。人々は推定値の源を見失い、この数字はいたるところに——報道、政治家の演説、学術雑誌の論文、ロースクールの学生が編集する法学雑誌などに——出てくるのだから正確であるにちがいないと思う。人々は数字を繰り返し使っているうちに、数字の意味を変え、統計を粉飾するようになることもある。

ストーカー行為についての初期の推定値を考えよう。(6) ストーカー行為に対する懸念は一九九〇年代はじめに急速に拡がった。メディアはこの問題を報道し、全米50州の大半で州議会がストーカー行為防止法を可決した。当時、ストーカー事件を記録している公的機関はなく、ストーカー行為の拡がりに関する調査はおこなわれていなかったので、どれほど頻繁に起こっているのか、知るすべはなかった。あるニュース雑誌が「研究者たちは、ストーカーの特徴を示す人は20万人にも上ると示唆している」(7) と報道すると、この「示唆」された数字が他の報道で取り上げられ、20万人がストーカー被害に遭っていると自信満々に繰り返し伝えられた。そして、まもなくメディアは統計を改良しはじめた。あるテレビトークショーの司会者はこう断言した。「米国には推定20万人のストーカーがいます。しかも、これは私たちがつかんでいるストーカーの数にすぎません」(8)。「コスモポリタン」に載ったある記事はこう警告した。「米国ではおよそ20万人が有名人に付きまとっている。それ以外の人にストーカー行為をはたらいている人間がどれほどいるのかは誰にもわからないが、おそらくもっと大きな数字になるだろう」[9]。こうして、最初の推測は、さらに大きな推定値の根拠となった（統計を受け売りすることで統計の意味がしばしばどのように変わってしまうかを第3章で探る）[10]。

統計をつくりだし、繰り返す人々はしばしば、その数字を擁護することに自分の利害がかかっていると感じる。 誰かがある推定値を否定し、大きく異なる（しばしばもっと低い）数字を提示すると、いろいろな人が躍起になってもとの数字を擁護し、新たな数字とそれを使おうとする人を攻撃することがある。たとえば一九八〇年代はじめに、ホームレスが３００万人いると活動家たちが見積もり、それに対してレーガン政権が、実際の数はむしろ30万に近いと反論すると、活動家たちは、政府の数字は信用できないと主張した。何しろ、政府は社会プログラムへの支出を削減すると公約していて、社会福祉事業を追加する必要性を最小限に見積もるものと予想されたのだ[11]。さまざまな社会科学者がホームレスの数を確定しようと乗り出した。その結果、30万のほうが妥当だと確認されると、社会科学者たちは活動家から攻撃された。調査には欠陥があるはずだ、研究者たちの同情はホームレスにではなく政府に向けられていたにちがいないと活動家たちは責めた[12]。概して、報道機関は大きいほうの推定値を伝えつづけた。何しろ、活動家たちとメディアは、実際のホームレスの数は30万よりずっと多いと確信していたのだ。300万が正しい数字だと誰もが納得したではないかというわけだ。この例は、**どんな推定値も、それを否定する人の動機を問題にすることによって擁護できる**と示唆している。

さらに、**暗数は推測を擁護するうえでしばしば顕著な役割を演じる。**隠れていて気づかれず数えられていない事例は常にあり、こうした事例は数えられていないのだから、どれだけあるのか、私たちには知りようがない。暗数が大きい、ことによると非常に大きい(「私たちが知っているケースは、氷山の一角にすぎない!」)と主張すれば、どんな見積もりもありうる、それどころか妥当なように思えてくる。強姦の被害者のなかには事件を届け出ない人もいることを私たちは知っているが、どれだけの強姦が通報されずに終わっているのだろうか。3件に2件だろうか。ある犯罪の被害に遭ったことがあるかどうか、また、あるのなら、それを警察に通報したかどうかを訊ねる調査をすると、強姦のおよそ3分の2は通報されないままであることがわかる。(13) しかし、こうした調査は不完全であるにちがいない。強姦の被害者のなかに、被害に遭ったと認めるのを拒む人もいるのは疑いないので、やはり暗数がある。強姦撲滅活動家のなかには、通報されない強姦の数は非常に大きいと主張する人もいる。強姦は10件に1件しか通報されないというのだ(つまり、被害を警察には通報しないものの、調査員には打ち明ける強姦被害者2人につき、調査員に打ち明けるのを拒む被害者が7人いるということになる)[14]。このような議論をすれば、どんな推測を擁護することも可能になる。

数字に関して推測をおこなうのは、活動家だけではない。非合法の薬物の使用者を数えるのはむずかしい(そのような人は当然、それを隠そうとする)。だが、麻薬取締法の執行を担当する政府機関はそのような統計を要求される。政府機関が挙げる数字には、中毒者の数の見積もり、中毒者が盗む麻薬の量、さまざまな国で生産される不法麻薬の量など、子細な吟味に耐えられないものが多い。そうした統計は基本的に推測であり、麻薬問題が大きければ、政府機関の仕事がそれだけ重要に思われるので、当局者の推測は問題の規模を誇張しがちだ[15]。社会問題を喧伝するのが活動家であるか、当局者であるかは大した違いではない。社会問題の規模を正確に測定するのがむずかしいとき、当て推量は一つの解答になる。そして、普通、高めに推測するほうが都合がいい。

社会問題の規模を推測するのはそれほど悪いことではない。問題の本当の規模は、知りようがないことが少なくない。知識に基づいて推測をする——そして、それが誰かの推測にすぎないことをはっきりさせる——ことは、出発点になる。問題が起こるのは、人々が推測を事実として扱いはじめ、数字を繰り返し使い、それがどのようにして生まれたのかを忘れ、尾ひれをつけ、それを宣伝し擁護しなければならないと感じ、本来誰かの推測でしかなかった数字に疑問を差し挟む者を攻撃するようになったときだ。残念ながら、社会問題がはじめて世間に注目されたとき、こういう事態が起こることがあまりにも多い。というのも、この段階では手もとにあるのは推測だけであることがあるからだ。

定義

ある社会問題について語ろうとすると、必ず何らかの定義が絡んでくる。つまり、「この問題の性格はどういうものなのか」という問いへの答えだ。定義は漠然としていることがある。それも、しばしばある。ほとんど、ひとつの実例にすぎなかったりする。たとえば、テレビの報道番組で、ある子供が殴り殺された話をしてから、「これは児童虐待の一例です」などと言うことがある。ここでは、実例が問題の正確な定義の代わりになっている。こういう慣行の一つの問題は、メディアの報道は普通、そのほうが興味を引くので、劇的でとりわけ不安をかきたてる実例を取り上げるということだ。ある社会問題の特徴を伝えるのに最悪の事例が使われると、私たちはその事例を典型的なものと見なし、問題を極端な形で考えてしまう。こうなると、私たちが問題に対してもつ理解はゆがんでしまう。児童虐待のうち、子供が殴り殺されるケースは少ない。これほど悲惨ではない、ネグレクト（養育拒否や放置）の事例のほうがはるかに多い。殴り殺されるという例で児童虐待を定義してしまうと、私たちはこの問題をそういうものだと考えてしまいかねず、死亡事件を防ぐために立案された児童保護政策は、親のネグレクトから子供を守る最善の方法ではないかもしれない。**例が定義の代わりに使われるときは常に、その問題に対する私たちの理解がゆがめられる危険がある。**

もちろん、社会問題の定義がすべて劇的な例によっているわけではない。社会問題を宣伝する人々が定義を提示することもある。広い定義には、それだけ多くの事例——多くの種類の事例——が含まれることになる。私たちは性暴力を定義したいと思っているとしよう。当然、定義には強姦が含まれなければならない。だが、強姦未遂はどうだろう。それも含まれるべきだろうか。まさぐったり、愛撫したりするのは？　赤の他人の前でちらっと性器を露出するのは？　狭い定義——たとえば、「性暴力とは、性器の挿入をともなう強制的な性的接触である」——には、広い定義——たとえば、「性暴力とは、相手の同意に基づかない性行為すべてである」[16]——より、はるかに少ないケースしか含まれない。これが社会統計でどんな意味をもつかは明らかである。広い定義を用いれば、ある問題の規模を大きく見積もることを正当化できるのだ。*

＊活動家は、広い定義に基づく大きな数字と、最も深刻なケースという関心を引きつける例を組み合わせて用いる。たとえば児童虐待についてある種の主張をするとき、ある子供が殺された事件を典型例として取り上げながら、これほど深刻ではない虐待やネグレクトの事例を何百万件も含む統計的推定値を提げるという手もある。

社会問題の定義に完全なものはなく、主として次の二点で欠陥がある。まず、ある定義が広すぎるのではないか、含めるべきではないものまで含まれてしまうのではないかと懸念を覚える場合がある。つまり、その問題に含めるべきではないとも考えられるケースなのに、広い定義によれば問題の一部だと認められてしまうものがあるということだ。統計学者はこのようなケースを**正への誤分類**と呼ぶ。一方、狭すぎる定義は、含まれてしかるべきだとも考えられるさまざまなケースを除外してしまう。これが**負への誤分類**である[17]。

一般に、**新たな社会問題をつくりだそうとする活動家は、正への誤分類より負への誤分類を困ったことと見なす**。活動家は、無視されてきた何らかの社会状態への関心を人々に抱かせたくて苛立っている場合が多いということを思い出そう。問題が広く認識されていないという状況も、活動家が正したいと思う事態の一部だ。だから活動家は、問題を狭く定義しすぎてとくに事態を悪化させないよう注意するかもしれない。狭すぎる定義では、問題の全容をとらえそこれてしまう。そうなると、認識されるべき害悪と苦しみの少なくとも一部が無視されつづけてしまう。だから、たとえば、活動家は露出狂の被害に遭ってトラウマを負った女性の例を挙げてから、性暴力の定義はこの女性の苦しみを含むくらい広くなければならないと論じるかもしれない。活動家は時として、含まれてしかるべきケースすべてを包含するほど広い定義を支持することがある。つまり、負への誤分類がまったく起こらないよう広い定義を主張するのだ。

広い定義をとれば、活動家が好む大きな数字を正当化しやすいことを思い起こそう。

しかし、広い定義は批判を招く。強姦と性器露出をひと括りにして、性暴力という一個のカテゴリーに入れることが有益だと誰もが考えるわけではない。このような広い定義は、カテゴリーの内部にある重大な違いを曖昧にしてしまう。強姦も性器露出も問題にはちがいないかもしれないが、両方をひと括りに分類すれば、この二つが同じくらい重大だと言っていると受け取られてしまうかもしれない。そしてさらに悪いことに、広い定義には、社会問題だと誰もが見なすわけではないケースまで含まれてしまうかもしれない。つまり、負への誤分類は最小限に抑えられるが、その代償として、この定義を批判する側から正への誤分類と見られかねないケースが最大限に増えてしまうのだ。ポルノの定義をめぐって長年つづいている論争を考えてみよう。[18] 何をポルノと見なすべきだろうか。おそらく、セックスをしている場面を映したハードコアビデオは、ほとんどすべての定義に含まれるだろう。「プレイボーイ」誌はポルノだろうか。裸体の彫刻や、「スポーツ・イラストレイテッド」誌の恒例の水着特集号は？　反ポルノ活動家のなかには非常に広い定義を支持する人もいるかもしれないが、批判者は、そんな定義は広すぎると主張するかもしれない（「そりゃポルノじゃない！」）。

明らかに社会問題の定義はその問題についての統計を左右する。定義が広いほど、問題の規模についての大きな見積もりを正当化しやすい。米国には読み書き能力に欠ける人が何百万人もいると誰かが発表したら、そこで読み書き能力に欠けるということが、どう定義されているのだろうかと考えることが大切だ(19)。読み書き能力に欠けるとは、まったく読み書きができないことだと考える人もいるかもしれないが、その発表をした人は、「機能的読み書き能力」に欠けること（つまり、新聞や地図が読めないとか、求人応募書類や所得税申告書に記入できないこと）を言っているのかもしれない。読み書き能力に欠けるとは、まったく文章が読めないということなのか。小学三年生程度の読解力がないということか。それとも、六年生程度の読解力がないということか。読み書き能力の欠如を狭く（まったく文章が読めないことと）定義すれば、広く（六年生程度の読解力がないことと）定義した場合より、読み書き能力に欠ける人に含まれる人が少なくなり、したがって、統計的推定値は小さくなる。

定義にはしばしば複数の要素が絡み、その一つひとつによって広くも狭くもなる。再びホームレスのことを考えよう。ホームレスの定義にはどんなことが含まれるべきだろうか。家をなくした**原因**は含まれるべきだろうか。ある地域の住民がトルネードで家を破壊され、緊急避難所に住まなければならなくなったら、ホームレスだろうか。それとも、貧しさから家を失った人だけを数えるべきだろうか。家を失ってからの**期間**はどうか。誰かがひと晩だけ路上で過ごしてもホームレスに入るのか。それとも、「ホームレス」という呼び名は何日間か路上で過ごした人に限るべきか（そして、もしそうなら、何日か）。定義に含まれる要素の一つひとつが定義を左右する。私たちがホームレスを数えていて、貧しさから家を失った人だけを数えるのなら、被災者を含める場合より、数は少なくなる。過去1年間に30日以上住む家なしに暮らした人を数えれば、基準が10日間である場合より少ないホームレスの数が出る。そして、10日間を基準として用いても、一晩路上で過ごせばホームレスと見なされる資格があるという合意がある場合より、少ない数字が出る。

ホームレス保護論者のなかには、こうした要素に基づく定義は狭すぎると主張し、もっと広い定義を掲げる人がいる。[20] この人たちは、友人や親類の家に身を寄せている――が、自分の家はない――人もホームレスに数えるべきだと唱える。この定義のもとでは、路上で夜を明かしたことはなくても親類か貧しい家族と部屋を共にしている貧しい母子は、ホームレスに数えることになる。当然、この広い定義を用いてホームレスを数えれば、ホームレスを路上で暮らしている人に限った定義を用いる場合より、大きな数字が出てくる。さらに、満足な家に住んでいない人もホームレスに数えるべきだと主張する人もいる。これだけ広い定義をとれば、さらに数は多くなる。ホームレスの数（あるいは読み書き能力に欠ける人の数、あるいは性暴力の件数）は必然的に私たちが用いる定義を反映する。

言い換えれば、社会問題についての統計は常に、私たちがその問題をどう定義するかに左右される。定義が広いほど、統計の数字は大きくなる。そして、社会問題を宣伝する人たちは（そのほうが問題が重大に見えるから）大きな数字を好むので、広い定義を好むと予想される。活動家はしばしば、多くの事例を含めることの重要性を強調して広い定義を正当化する。一晩路上で過ごした人（あるいは、友達の家に身を寄せざるをえない人や、標準以下の家に住んでいる人）も苦しんでいるのだ。こういう人たちの苦しみを勘定に入れるべきではないなどと私たちが決めていいものか。私たちが「ホームレス」について語るとき、この人たちもそこに含めて当然だと、活動家は主張するのだ。

そういうわけで、社会問題についての統計に出会ったとき必ず立てるべき問いが二つある。

一つは、その問題がどう定義されているかだ。ホームレスであれ読み書き能力に欠ける人であれ何であれ、それが何であるかは、誰でも知っているものと想定し、定義をごまかすのは簡単だ。しかし、定義の細部は重要であり、私たちはそこがどうなっているのか知る必要がある。もう一つは、その定義は妥当なものかだ。完璧な定義などない。定義が狭すぎれば、負への誤分類（含めるべきなのに除外されてしまうケース）が生じてしまうし、定義が広すぎれば、正への誤分類（除外されるべきなのに含まれてしまうケース）が生じてしまう。妥当だと私たちが一致して認められるような形で問題を定義できなければ、社会問題について妥当な議論をすることはむずかしい。しかし、意見の一致がなくても、少なくとも私たちの定義の違い――そして限界――を認識することはできる。

計測

当て推量以上のものに基づく統計を出すには、何らかの形で物事の数を数える必要がある。定義は何を数えるのかを明示する。計測をおこなうには、どう数えるかを決めなければならない。まず、社会問題の事例をどう特定し数えるかを決めなければ、数えようがない。*

＊研究者なら、私が計測と呼んでいるものが実は一種の定義であることを認識している。研究者は、操作的定義というものを用いる。これは、定義しようとしているものの事例を特定するための操作である。

計測の意義を理解するために、まず社会問題を計測するもっとも一般的な方法の一つ――世論調査――を考えよう。世論調査は、人々に質問をして答えを集計し、その結果をもとに一般的結論を引き出すというものだ。（どの人を選んで調査するかということをめぐる特殊な問題は、次の節で標本抽出を論じるときに考える。）たとえば、新しい法律に賛成か反対かを1000人に訊ねたとしよう。500人が賛成、500人が反対と答えたとすれば、この結果を一般化して、世論はおよそ真っ二つに分かれているという結論を出してよい。

メディアは、ある争点をめぐって世論が賛成と反対にはっきりと分かれているかのような――たとえば、人々が銃規制に賛成と反対のどちらかであり、妊娠中絶に賛成と反対のどちらかであることを暗黙の前提としている――調査結果を発表することがあるが、これは過度の単純化である。**おおかたの社会的争点に対する人々の態度は複雑すぎて、単純な賛成と反対に分類したりできない**し、一個の質問で測ったりできない。たとえば、妊娠をつづけると健康が危険にさらされる女性は妊娠中絶をすることを法律で許されるべきだと考える人が、米国人の90

表1 さまざまな状況それぞれについて、その状況で妊娠中絶をおこなうことを合法とすることに賛成する米国人の割合（%）

女性自身の健康が妊娠によって危険にさらされる場合	92
強姦の結果、妊娠した場合	84
子供に深刻な障害がある可能性が大きい場合	82
女性が結婚しており、これ以上子供を望まない場合	47
一家の所得が非常に低く、これ以上子供をもつ余裕がない場合	47
女性が未婚で、相手の男性と結婚したくない場合	45
理由は何であれ妊娠中絶を望んでいる場合	45

出典：1996年 General Social Survey のデータ。“The American Survey —Release 1997” (CD-ROM; Bellevue, Wash.: Micro-Case, 1997).

%を占めていることが調査からわかる［表1］。妊娠中絶支持論者は、このような結果を、おおかたの米国人が妊娠中絶を支持している証拠と解釈することがある。ところが調査からは、女性がどんな理由でそれを望むかにかかわらず、妊娠中絶を支持する人は、米国人の45%にすぎないこともわかる。一方、妊娠中絶反対論者はこれを、おおかたの米国人が妊娠中絶に反対している証拠と見なすことがある。こうした質問への回答（および、その他さまざまな状況でおこなわれる妊娠中絶への態度を測るいろいろな質問）を組み合わせると、もっと複雑な世論のパターンが浮かび上がる。どんな状況でおこなわれる妊娠中絶にも反対する少数の筋金入りの妊娠中絶反対派（米国の人口のおよそ10%）、これよりは多いがそれでも半数以下（およそ45%）である、ほとんどどんな状況でも女性に妊娠中絶の権利を認める人たち、そして、この両極端の中間に位置し、状況にかかわらずあらゆる妊娠中絶を認めるわけではなく、「よい」理由による妊娠中絶だけを認める、やはり数は多いものの半数には満たない人たち（およそ45％）がいる。妊娠中絶への態度は複雑すぎて、一個の質問で測ったり、単純な賛成反対のカテゴリーで記述したりできないのだ。となると、明らかに計測は重大だ。妊娠中絶への態度を測るのにどんな質問を用いるかは、世論調査の結果を左右する。

世論調査者は、**質問の言い回し（ワーディング）が結果を左右する**ことを知っている。資金を出して独自の調査をおこなう余裕のある活動家は、思いどおりの結果を出すことができる。普通、活動家は、自分の立場に人々からの幅広い支持があることを証明しようとする。（これを**アドヴォカシー・リサーチ**と呼ぶことがある。）そのために、人々が望みどおりの回答をするような言い回しで質問をする。たとえば、銃規制論者による調査では、こう訊ねるかもしれない。「あなたは違法な銃販売を取り締まることに賛成ですか」。おおかたの人は違法行為に反対すると見込まれるので、このような質問をすれば常に、（銃規制活動家による結果の解釈にしたがえば）米国人の4分の3以上が銃規制に賛成しているという結果が出る。一方、全米ライフル協会は銃規制に反対しており、大きく異なる言い回しで質問する調査を後援する。たとえば、「誰が銃を所持してよく、誰が銃を所持してはいけないかを決める権限を警察に与える法律に賛成ですか、反対ですか」。予想がつくとおり、おおかたの人は警察にそんな権限を与える法律には反対だと答え、全米ライフル協会は、米国人の大半（およそ4分の3）は銃規制に反対していると報告することができる。(21) 先に論じた妊娠中絶の例と同じく、世論は三つに分かれるように思われる。両極端の少数派（あらゆる銃の禁止を支持する人たちと、どんな銃規制にも反対の人たち）、そして、「悪い」人たちの手に銃が渡らないようにしながら、「いい」人たちには銃をもたせることを支持していると考えられる中間の人たちだ。ところが、活動家によって後援され、後援者の望みどおりの結果を出すような言い回しで質問をする調査を情報源とすると、世論の複雑さが認識しにくくなりかねない。*

*質問の言い回しに焦点を絞ってきたが、調査で特定の反応を引き出すやり方は他にもたくさんある。たとえば、質問の順序は人々の反応の仕方を左右する。

ある種類の反応を引き出すような言い回しで質問をする他に、**独自の調査をおこなう活動家は結果の解釈の仕方を決めることができる**。数年前、ある全国調査で米国の成人の2％（400万人近く）がUFOに誘拐されたことがあるという推定値が出た、という報道があった。調査者たちはどうやってこの数字に達したのだろうか。「あなたはUFOに誘拐されたことがありますか」ときいたのだろうか。そうではない。そんな真正面からの質問をするのはまずい方法だと調査者たちは主張した。UFOに誘拐されたことがある人には、誘拐されたと自覚していない（あるいは、その経験について語りたがらない）ため、単刀直入な質問には正確に答えられない（答えようとしない）人が少なくないというのだ。（これも活動家が負への誤分類を避けようとする例だ。この場合、含めるべきだと感じられるのに除外されてしまうものが出てきてしまうような仕方で誘拐の件数を測りたくないのだ。）そこで、調査者たちはまったく異なる方法を考案した。UFOに誘拐されたことがあると言う人たちの証言にしばしば出てくる五つの指標ないし徴候を見つけた。たとえば、「目覚めると体が麻痺していて、部屋のなかに見知らぬ人間がいる、あるいは何かがあるという感じがした」。そして、どうということもないその五つの徴候を回答者が経験したことがあるかどうかを訊ね、四つ以上の徴候を報告した人は、おそらくUFOに誘拐されたことがあるのだろうと結論づけた。回答者の2％がこのグループに入り、人口の2％がUFOに誘拐されたことがあるという結論につながった。(22)

この例は、どの計測方法を選ぶかがいかに大切かを鮮やかに示している。計測をおこなうには選択が必要だ。この例で、一つか二つの徴候があれば誘拐されたことがあるのだと調査者が判断していたら、誘拐されたことがある人はもっと多いという結果が出ていたことになる。また、回答者が五つの徴候すべてを報告しなければ誘拐されたことがあるとは言えないと調査者が判断していたら、もっと少ないという結果が出ていたことになる。（そして、もちろん、誘拐されたことがあると報告した人だけしか数えないと決めていたら、さらに少ないという結果が出ていたろう。）このような選択で結果が左右される調査は多い。ある調査では、「男性からアルコールや薬物を飲まされて、望まない性交をしたことがありますか」といった質問への肯定の答えに基づいて、女子大学生のおよそ4分の1が強姦されたことがあるという結論が下された。[23] 批判者はこの結論に異議を唱え、この調査の質問は曖昧だと論じ、強姦被害者とされた回答者の4分の3近くがそれを強姦とは考えていなかったと指摘した。[24] しかし、こうした例が示すように、計測結果を生みだして、それを解釈し、UFOによる誘拐や強姦の犠牲者を特定するのは、調査をおこなう活動家であり、回答者ではないのだ。

活動家はこのように計測方法を決めるのを、社会問題の本当の規模を明らかにする努力だとして正当化する。世間の人々をある問題に注目させようとする活動家が普通、その問題は大問題で、しかもあまり認識されていないし、隠れた事例が相当あると考えていることを思い起こそう。活動家は、この闇の部分に光が当たるよう調査を計画する。問題の本当の（相当に大きな）規模を明らかにするデータを集めようとする。したがって、**負への誤分類を最小限にとど**

める計測を考案する。調査者は、回答者から望みどおりの答えを引き出す手法をたくさん知っている。たとえば、ある調査者は、暴力を受けたという回答を女性から数多く引き出す方法として、質問の言い回しを慎重に練るほかに次のようなものを挙げている。暴力を広く定義する。（たとえば、過去1年間に焦点を合わせるのではなく）これまでの人生で受けた暴力について訊ねる。被害経験について（1個の質問をするのではなく）複数の質問をする。さまざまな回答を引き出せる自由解答式の質問をする。回答者に共感を抱ける女性の質問者を使う。(25)そして、もちろん、調査者には、どの回答が社会問題の存在を指し示しているかを決める最終的な権限がある。

どんな計測方法が選ばれたのかはしばしば隠されている。メディアは統計を報じる（「調査によると……」）が、その調査でどのように社会問題が計測されたのかは説明しない。こうした報道は普通、計測をめぐる論争を無視するが、しっかり定着している方法についても論争がある場合があるのだ。たとえば、米国国勢調査局は貧困線——貧しいと考えられるかそうでないかの境目となる所得水準——を算出する。貧困線は一九六四年にはじめて定められたもので、ひと組の計算によってはじき出される。まず、4人家族が栄養面で十分な食事をとれるだけの食費を政府が確定する。次に、各世帯が所得の3分の1を食料品に費やすと想定して、先の数字に3をかける。こうして、貧困線の総所得が出てくる（さまざまな世帯規模に応じた数値が出される）。インフレを勘定に入れ、毎年、消費者物価指数の変化にしたがって貧困線を引き上げる。明らかに貧困線は恣意的な基準だ。異なる仮定を用いれば、貧困線をもっと高く、あるいは低く設定できる。現に、貧困線をはじき出す現行の公式のあらゆる要素が攻撃されてきた。この食費は非現実的だとか、貧しい世帯は所得の3分の1を食料品に費やすわけではないとか、消費者物価指数はインフレを正確に反映していないとか、貧困線を計算するのに同じ公式を用いつづけていては、生活水準の変化を勘定に入れそこねてしまうとかいった批判が加えられてきた。[26] たとえば、何を世帯の所得と考えるべきかをめぐって論争がある。ある世帯が食糧切符をもらったら、その価値を所得と考えるべきだろうか。所得が貧困線をわずかに下回る家族を想像しよう。受け取る食糧切符の価値を所得に加えると貧困線を超えたとしても、この家族を貧困世帯と考えるべきだろうか。

貧困の度合いをどうやって測ったらいいかをめぐっては数十年来議論がつづいている。一般にリベラル派は、貧困線が上がる、つまり、貧困線を超えるのがむずかしくなるような計測方法の選択を支持する。たとえば、食糧切符の価値を所得扱いすることに反対する。貧困をこのように計測するということは、貧しいと見なされる（社会福祉を受けてしかるべき）人がそれだけ多くなるということだ。一方、おおかたの保守派は、貧困線を低く設定して超えやすくすべきだと主張する。したがって、食糧切符を所得に数えることを支持する。このような選択をすれば、貧しい人はそれだけ少なくなる（社会福祉の規模はもっと小さくてよいという主張が裏づけられる）。この議論では、リベラル派は、定着している貧困線ではあまりに多くの人が負に誤分類されてしまう（つまり、あまりに多くの人が、「本当は」貧しいのに貧困線より上にきてしまう）と主張し、保守派は、今の貧困線ではあまりに多くの人が正に誤分類されてしまう（つまり、あまりに多くの人が、「本当は」貧しくないのに貧困線より下にきてしまう）と批判する。

定義と同じく、計測にも常に選択が絡む。異なる計測方法の支持者は自分の選択を擁護し、反対者の選択を批判できる——互いに相手がおこなっているさまざまな選択を知り、理解しているかぎり。しかし、計測にあたってどんな選択をしたのかが隠されていると、こうした選択にもとづいて統計を評価することがむずかしくなる。

標本抽出

社会統計はほとんど常に標本から一般的状況を推測する。何らかの社会的状況の事例の一つひとつを数えるのはたいへんすぎるし、高くつきすぎる。いくつかの事例を選んで調べ、その社会問題の一般的状況を推測するほうが、安いし、速いし、効率的だ。統計学者の専門用語で、あらゆる事例の集合全体を**母集団**、母集団を代表するものとして選ばれて調べられるいくつかの事例の集まりを**標本（サンプル）**と言う。

標本抽出（サンプリング）には二つの問題がある。一つは誰の目にも明らかで、もう一つはそれほど明らかではない。明らかなほうの問題は、標本の大きさ（サンプルサイズ）だ。標本は概して母集団よりずっと小さい。全国調査（たとえばギャラップ世論調査）さえ、普通は1000人から2000人くらいの人にしか質問をしない。社会科学者による調査には、これよりもさらにずっと小さい標本しか使わないものが多い。社会調査がわずか数十人の人への面接に基づいていることもめずらしくない。当然、小さな標本に基づいた結果に疑問を差し挟むことは可能である。標本が小さいほど、標本が母集団を正確に反映しているという信頼がおけなくなる。

しかし、大きな標本は必ずしもよい標本ではない。ここで二つめの問題が出てくる。実は**標本の代表性のほうが標本の大きさよりはるかに重要**なのだ。よい標本は母集団を正確に反映(「代表」)する。ある雑誌の何万人という読者がその雑誌に入っているアンケートに答えを書き込み、これを送っても、この人たちがどんな母集団を代表しているのか、まったく定かでない。ある種の人は他の人よりその雑誌を読む可能性がずっと大きいし、アンケートに答える人は、そうでない人と違うだろう。この標本は――いかに大きくても――代表ではない。

全体を代表する標本を選ぶことは社会科学で重要な課題だ。理想どおりなら、研究者は研究したい母集団の範囲を完全に知っているはずで、この母集団から無作為に標本を選びだすことができる。統計学者は、このような**無作為標本(ランダムサンプル)**が母集団を代表している確率を計算できる。これは普通、**標本誤差**によって表現される(たとえば、あるサンプルに含まれる回答の分布が母集団分布の3%以内におさまる確率は95%であるといったことだ)。

問題は、無作為標本が少ないということである。研究者が母集団の性格を知っている場合でも、無作為に標本を抽出するのは時間と費用がかかりかねない。さらに母集団が定義できないため、本当に無作為に標本を抽出することが不可能である場合があまりにも多い。社会問題の研究はとくにそうだ。社会問題には常に隠れた事例(暗数)があるので、母集団の実際の規模は不確かであるのが常だ。たとえば、ティーンエイジャーの家出を調査したいとしよう。家出少年・少女の母集団をどう特定すればいいのだろう（何しろ、家出をするティーンエイジャーもいれば家に戻る者もいるわけで、家出少年の母集団は時々刻々変わっていくのだ）。数分間や数時間だけの家出もあれば、何年間あるいは永遠につづくものもある。友人や身内のもとに身を寄せる家出人もいれば、路上で暮らす者もいる。母集団がこのように流動的で多様だと、無作為に標本を抽出するのは難題だ。そこで、研究者は妥協せざるをえない。なるべくましな標本を抽出するのだ。たとえば、異なる標本を組み合わせてもいい。収容施設を無作為に選びだし、家出して長い人を見つけるとともに、一般市民からティーンエイジャーを選びだして、短期間家出していたがもう家に戻った人を見つけるというやり方もある。最高の標本とは、できるかぎり無作為標本に近いものだ。

ところが、**社会問題についての統計は普通、無作為標本とはほど遠い標本に基づいている**のだ。新しい社会問題を宣伝しようと思う人は、自分の統計の基礎となる標本がどのくらい代表的であるかについて批判的に考えないかもしれない。活動家は概して、同じ社会問題に強い関心を抱く人たちに囲まれて過ごしているということを思い出そう。こうした人たちは、問題の深刻さを物語る話を語り合い、互いに相手が抱いている懸念を肯定する。そしてこういう経験から、自分たちは問題の性格をよく理解しているし、自分たちが出会う事例はかなり典型的なものだと感じている。そこで、ある家出人保護施設で働いていて、そこにくるティーンエイジャーたちを見ている人が、そこを訪れる人たちについて統計を集めることにするかもしれない。この方法の大きな利点は、その便利さだ。家出人のほうからやってきてくれるのである。これを**便宜的標本抽出**という。安上がりで、簡単で、社会問題を研究するやり方として圧倒的によく使われるものだ。

便宜的標本の弱点は、もちろん、母集団を反映しているのかどうか知るのがむずかしいということだ。たとえば、ある都市の、ある保護施設をひと月に利用する家出人すべてを記録するとしよう。この人たちはどんな母集団を代表しているのだろうか。家出人すべてを代表していると主張できないのは確かだ。保護施設に近づかない家出人も多いからだ。では、少なくとも保護施設を訪れる家出人すべてを代表しているとは言えるのだろうか。そうかもしれない。が、そうでないかもしれない。その都市はどこにあるか（気候が暖かいか寒いか）、施設の方針はどうか（保護施設によって、家出人の受け入れに関する規則が異なるかもしれない）、その都市の家出人には駆け込める場所の選択肢がいくつか与えられているかどうかといった点での違いが原因で、保護施設によってどんな家出人が来るかに違いがある可能性は大いにある。控えめに言えば、この標本は少なくとも、その保護施設を利用する家出人の母集団を代表していると言えるかもしれない。しかし、はたしてそうなのか。標本はデータを集めることにした月に左右されているかもしれない。夏には他の季節より家出が多いだろう（暖かいし、学校が休みだから）。冬の家出は他の季節のと異なる（強い決意に基づいている、あるいは自暴自棄の家出）かもしれない。便宜的標本にあるかもしれない限界を常に考慮しなければならない。

活動家が社会問題を説明するのに特定の事例を選んだときにも、似たような問題が生じる。関心を高めるために活動家がしばしば印象的な例を選ぶことを思い出そう。こうした例を選ぶのは、それがまさに典型的でなく、とくに劇的で、ショック、恐怖、憤激を引き起こすからだ。こうした例を選ぶのは無作為でも何でもないのは言うまでもない。しかし、活動家は、こうした例が問題全体を代表する典型的なものであるかのように言うかもしれない。家出人が殺されるという悲劇は、メディアの注意をとらえ、世間の関心を引きつけるかもしれないが、こういうケースはティーンエイジャーの家出という問題全体について推測する根拠として不十分である。恐ろしい例を社会問題を代表する標本のように扱うべきではない。

正確な標本を抽出するのがむずかしいために、別の種類の誤った一般化がおこなわれる場合もある。活動家は、ある社会問題の暗数を利用して、問題の規模を憶測することがある。たとえば、その問題によって「誰もが」危険にさらされているとか、その問題は「あらゆる種類の人々」に影響を及ぼすとか、さらには、「ランダムに」人を襲うと主張する。だから、活動家は、あらゆる種類の家庭からティーンエイジャーが家出をするのであり、どのティーンエイジャーが家出をするかは予測がつかないと主張するかもしれない。このような主張は威力がある。あらゆる人に懸念を抱かせるからだ。どんなティーンエイジャーも家出をするかもしれないとしたら、自分の知っている家庭からも家出人が出るかもしれない。それどころか、自分の家族の誰かが家出をするかもしれない。両親がそろっている中流階級上層の家庭のティーンエイジャーが家出をすることがあると言うのと、このような家庭のティーンエイジャーも他のティーンエイジャーにおとらず家出をしやすいと言うのとは、違う。どんなティーンエイジャーも、家出をするおそれが**いくらかはある**が、だからといって、あらゆるティーンエイジャーに家出をするおそれが**同じだけある**ということにはならない。一般に、社会問題には**パターン**がある。人々は、ランダムに家出をする——あるいは、犯罪をしたり、ホームレスになったり、HIV（エイズウイルス）に感染したりする——わけではない。ところが**社会問題を宣伝する人たちは、しばしばこうしたパターンをうやむやにしたほうが有利だと気づいている**。そして、誰もが同じだけの危険にさらされており、したがって、あらゆる人にとって、その社会問題を解決することに同じ重大な利害がかかっていると暗示するのだ(27)。

一言で言えば、標本抽出の核心には一般化のプロセスがある。社会問題について語る人たちはほとんど必然的に、いくつかの事例――標本――から一般的状況を推測したがる。肝心な問題は、その標本からどんな種類の一般化が許されるかだ。研究者は、よくわかっている母集団からは無作為に標本を抽出でき、説得力のある一般化をおこなえる。しかし、社会問題の分析では、こういうことはまずありえない。とくにその問題がやっと世間の関心を集めはじめているときには。こういう初期段階では、暗数は普通わかっていないが、おそらく大きく、論者は、自分が何を知らないのかもはっきり理解していない。そこで論者は、手元にある最小限の証拠をもとに一般的状況を推測する。世間の関心を高めるのに役立ちそうな劇的な例を知っているかもしれない。自分が気づいた事例の便宜的標本をもとに調査をおこなったかもしれない。その問題はおおむね隠されているが、実際には社会の隅々にまで拡がっていると信じているのかもしれない。そして、知識が限られていることと運動への情熱があいまって、証拠で裏づけられない一般化をおこなってしまう。

メディアは活動家がおこなう一般化に疑問を差し挟まないことが多い。恐ろしい例と、ある問題があらゆる人をおびやかしているという主張は、興味をそそり、いいニュースになる。そして、活動家がおこなう一般化を記者がチェックしようとしても、確かな証拠をもつ人が見つからないかもしれない。問題が大衆の強い関心の対象として定義されてはじめて、専門家が権威ある入念な研究プロジェクトを立案する可能性が大きい。このような調査は高くつきかねない。とくに、適当な大きさの無作為標本――あるいはそれに近い標本――を調べようとする場合は。普通、この種の入念な調査には大きな組織――政府機関、財団、企業――からの資金提供が必要であり、そういう組織は、活動家に説得されてその問題を優先課題にするまで、このような調査を後援する見込みは小さい。

前に述べたように、社会問題についての主張はほとんどすべて、事例の標本から一般的状況を推測したものだ。こうした一般化にどれほどの信頼をおくべきだろうかと考える必要があり、この問いへの答えは、標本の性質次第だ。論者は標本の性格をはっきり説明すべきである。そうしないと、他の人は活動家が支持する一般化の正しさについて評価を下せない。

よい統計の特徴

この章では、当て推量、疑わしい定義、怪しい計測方法、まずい標本抽出によっておかしい統計がいかに生じるかに焦点を合わせてきた。この時点で、みなさんは、統計はすべておかしく、「真っ赤な嘘」にすぎないのだろうかと考えているかもしれない。まともな統計はあるのか。まともな統計とおかしい統計をどうやって見分ければいいのだろうか。

この章で挙げた問題から、よい統計とはどんな基準を満たすものかを想像できる。第一に、**よい統計は当て推量以上のものに基づいている**。どんな統計についても、立てるべき最も基本的な問いは、どうやってその数字に達したのか、だ。統計はすべて不完全だが、とくにひどい欠陥がある。当然、当て推量には（知識に基づく当て推量であっても）あまり信頼をおくべきではない。当て推量であることを示すサインに気をつけるべきだ。その統計を掲げる人たちは偏向しているのではないか。問題が拡がっている（あるいはまれにしか見られない）ことを示したいのか。その統計は大きくて、きりのいい数字か。その統計が示しているのは、暗数が大きいと思われる馴染みの薄い隠れた社会問題か（もしそうなら、活動家はその数字をどうやってはじき出したのか）。

第二に、**よい統計ははっきりした妥当な定義に基づいている**。どんな統計も、その主題を定義していなければならない。定義ははっきりしていて公表されていなければならない。実例——とくに、劇的で不安をかきたてる例、恐ろしい話、最悪のケース——は、定義ではない。

社会問題を物語る統計を提示する人は、その統計を作成するのに用いた定義を説明できなければならないし、進んでそうしなければならない。定義は普通、広い。挙げられている例とは大きく異なる（普通、そうした例ほど深刻でない）類の事例を含む。私たちは問わなければならない。どのくらい広いのか。その定義には何が含まれるのか。ここでも、その統計を掲げる人たちは広い（あるいは狭い）定義を好んでいるのかどうか、そうだとしたら、それはなぜかを考えるべきだ。また、その定義はあまりにも多くの事例を負に誤分類してしまったり、あまりにも多くの事例を正に誤分類してしまったりするかどうかを考えるべきだ。

第三に、**よい統計ははっきりした妥当な計測方法に基づいている**。あらゆる統計には何らかの種類の計測が絡んでいる。あらゆる計測方法は不完全だが、すべての欠陥が同じくらい重大であるわけではない。統計を提示する人は、その社会問題をどうやって計測したのかを説明できなければならないし、進んでそうしなければならないし、その方法は妥当に思われるものでなければならない。統計を提示する人々にある種の（大きい——あるいは小さい——数字を好む）バイアス（偏向）があれば、問題を計測したやり方にそのバイアスが反映されているかもしれない。たとえば、ある種の回答を引き出すような言い回しで質問をしたかもしれないし、特殊な仕方で回答を解釈するかもしれない。計測方法が隠されているときには、統計に疑いをもち、計測方法の選択が統計をどう左右するかを考えるべきだ。

最後に、**よい統計はよい標本に基づいている**。はっきりした妥当な定義と、はっきりした妥当な測定方法だけでは十分ではない。統計はほとんどすべて、事例の標本からある母集団の一般的性質を推測する。だから、標本を選んだ方法を説明しなければならない。よい標本は母集団を代表している。理想的な場合なら、これは標本が無作為に選ばれたということだ。小さくて無作為でない便宜的標本には気をつけたほうがいい。このような標本は調査するのが安上がりで簡単だが、一般化の根拠としては不十分だ。選ばれた標本が統計をゆがめていないかどうか、考えるべきだ。

よい統計の一つの目印は、一個の数字以上のものが示されていることだ。数字の裏にある定義、計測方法、標本抽出法——その数字がどのようにして出てきたか——が語られているということだ。そういう情報が隠されたままだと、私たちとしては疑念を抱かざるをえない。

3 突然変異統計――数字をおかしくする方法

統計がすべて、はじめからおかしいわけではない。しかし、数字は――よい数字でさえ――誤解されることがある。数字の意味は、拡大されたり、ねじ曲げられたりすることがある。こうしてできるものを**突然変異統計**と呼ぶことができる。もとの数字を歪曲したものだ。

突然変異統計には、数字オンチに原因があるものが多い。数字オンチ――数や計算の意味がなかなか理解できないこと――は広く見られるということを思い出そう。一般大衆も数字オンチかもしれないが、活動家にしたところで少しもましでない場合が多いのだ。ある数字の正確な意味をめぐって頭が混乱しているかもしれないし、問題がどう定義され、どう計測され、どのような標本抽出法が使われたかを誤解しているかもしれない。また同時に、運動に献身する決意と、問題を宣伝する熱意が強いあまり（「とにかく、これは大問題なんだ！」）、統計を「改良」し、数字をもっと劇的で関心を引くものにしてしまうかもしれない。突然変異統計は、活動家の「ウソも方便」的態度の産物、自分の主張に説得力を与えるために故意に情報をゆがめた結果かもしれない。こういうことは、自分たちの既得権益に最も都合のいい形へと情報をねじ曲げる大きな組織の手によって突然変異が起こるときにはとくに、そのような動機が働いているように思われる。しかし、突然変異は、数字オンチの活動家による、混乱してはいるが誠実な解釈の産物であることもある。

ひとたび誰かが突然変異統計を口にすると、それを耳にした人がそれを受け売りする可能性は十分にある。数字オンチの活動家の言うことはそれを聴く人々に影響を及ぼす。メディアは突然変異統計を受け売りし、一般の人々はメディアが挙げる数字を受け入れる――あるいは少なくともそれに異議を唱えない。政治指導者や尊敬されているコメンテーターが統計を耳にして、受け売りし、その数字をいっそう信用できそうに思わせてしまうかもしれない。ある統計が広く流布するようになると、ナンバーロンダリング（数字洗浄）が起こる。誰もがそれを耳にしたことがあり、その数字は正しいにちがいないと思ってしまうため、その数字に異議を唱えるのがむずかしくなる。とりわけ、数字が私たちの信念、偏見、利益を強化するものである場合（「もちろん、そうに決まっている！」）、私たちは数字を批判的に見ることなく、事実として受け取る。

拒食症（神経性無食欲症）の危険についての広く流布した統計を考えよう。拒食症は普通、若い女性がかかり、フェミニストのなかには、拒食症は、女性は美しくあれという社会的圧力、そしてほっそりしていることを美しさと同一視する文化的基準への反応だと主張する人がいる。この問題に注意を引こうとする活動家は、米国には拒食症の女性が15万人いると見積もり、拒食症は死を招きかねないと指摘した。[1] そして、ある時点からフェミニストは、毎年15万人の女性が拒食症で**死んでいる**と報告しはじめた。[2]（これは相当な誇張だった。拒食症によるとされる死亡は年に70件にすぎない。）拒食症の女性の総数を毎年の死亡件数に変えてしまうというすりかえは、劇的で記憶に残る統計を生みだした。活動家たちは影響力のある本や新聞のコラムやテレビのトークショーなどで誤った数字を受け売りした。この間違った数字の供給源はすぐに膨大な数に増えた。たとえば、学生が拒食症について期末レポートを書くために資料を探していて、このとんでもなく不正確な統計に出会う——そして、これを受け売りする——可能性は大きかった。そして、受け売りされるたびに、この突然変異統計の寿命はのびたのだ。

だが、この数字が何かおかしいのは明らかなはずだった。拒食症は普通、**若い**女性を襲う。ところが、米国では年に、15歳から24歳の女性のうちおよそ8500人、25歳から44歳の女性のうち4万7000人ほどしか死なない[(3)]。これで、年に15万人が拒食症で死ぬ可能性がどれだけあるだろうか。しかし、もちろんたいていの人は、年にどのくらいの数の若い女性が死ぬか、まったく知らない（「たくさん死んでいるにちがいない」）。年に15万人の女性が拒食症で死んでいると聞けば、この数字を挙げている人は、それが本当だと知っているにちがいないと思ってしまう。私たちは突然変異統計を受け入れるし、自らそれをひとに伝えるかもしれない。

ひとたび発生した**突然変異統計は、蔓延し命を永らえる可能性が十分にある**。それにしても、突然変異統計は、なぜ、どのように生じるのだろうか。この章では、突然変異統計を生みだす四つの一般的なやり方を探っていく。まず、最も基本的な誤りを取り上げる。ある統計からの不適切な**一般化**だ。それから**変換**を扱う。変換とは、あることを意味する数字を、まったく違う意味に解釈することだ。三つめのセクションは、**混乱**を論じる。複雑な統計の意味を誤解することによる変換だ。最後に、**複合的な誤り**を検討する。おかしい統計がつながって誤りの連鎖を形づくるその道筋をたどる。この四つの形で、統計は独り歩きするばかりでなく、命を永らえながら被害を増していくのだ。

一般化——初歩的な種類の誤り

一般化は統計的推論の不可欠なステップである。ある社会問題の事例をすべて数えることはまずできない。だから、普通、ある標本から証拠を集め、そこから問題全体について一般化をおこなう。一般化には第2章で論じた基本的プロセスがかかわる。問題を定義し、計測方法と標本を選ばなければならない。これが社会調査の基本ステップである。基本原則はわかっている。定義と方法ははっきりしていて妥当なもの、標本は代表的なものでなければならないということだ。ところが、最も基本的な原則さえ破られることがあり、しかも、誰もそれに気づかないことが驚くほど多い。突然変異統計が——欠陥のある定義、へたな計測方法、まずい標本に基づいて——現れ、しばしば驚くほど注目される。

疑わしい定義

一九九六年に米国南部のアフリカ系米国人の教会で火事が「異常発生」したというメディアの報道を考えてみよう。さまざまな論者が、火事は人種差別主義者の陰謀で起こったものだと主張した[4]。こうした主張は、南部の人種差別テロの歴史を思い起こさせるものだった。黒人の教会はしばしば放火や爆破の標的となった。一九九六年が選挙の年だったからか、(クリントン大統領とゴア副大統領を含む)民主党の政治家も共和党員の政治家も、また、リベラルな全米キリスト教会協議会も保守的なキリスト教連合も火事を糾弾した。ほとんど誰もが連続放火に非難の声を上げた。

活動家(たとえば、反人種主義の民主的再生センター)が火事の増加を記録で明らかにしようとした。教会放火事件のリストと不審火の数についての統計を、問題が深刻である証拠として出したのである。ところが、こうした主張に、まずジャーナリストによって、その後、連邦政府のタスクフォースによって、疑問が投げかけられた[5]。人種差別的動機から白人が黒人の教会に火をつけた事例があるのは確かだったが、さまざまな火事を結びつける陰謀があるという証拠はなかった。しかも、教会の不審な火事の定義が定かでなかった。活動家がつくったリストには、おおむね白人の信徒が集う教会の火事、黒人や非行少年や精神に異常をきたした人が起こしたとわかっている火事、保険金目当てに引き起こされた火事も含まれていた。そして、ジャーナリストが火災保険業界の記録をチェックすると、一九九六年の火災件数は格別多くはなかったばかりでなく、教会への放火は少なくとも一九八〇年以来概して減ってきていることがわかった。連邦政府のタスクフォースは結局、火事が異常発生している証拠も、陰謀の証拠も見つけられなかった。しかし、報道機関はタスクフォースの報告についてあまり伝えず、論者たちは調査結果を糾弾した。

早く言えば、教会放火事件が異常発生していることを証明しようとする統計には、何を人種差別的動機に基づく教会放火事件と数えるべきかというはっきりした定義が欠けていたのだ。また、どれだけ火事が起これば「異常発生」していることになるのか、論者たちは定義しなかった（平年の教会の火災件数より何件か多い数だと思われるが）。はっきりした定義がなかったから、証拠の評価はむずかしかった。火事のリストを提示した（そして、一つひとつの火事が人種主義者の陰謀の証拠だと主張した）論者たちは納得していたかもしれないが、何らかのはっきりした定義を用いて事例を特定しようとした人たちは、火事が異常発生したという証拠さえ見つけられなかった。

不適当な計測

はっきりした厳密な定義だけでは十分ではない。何を定義するにしろ、それを計測しなければならないし、無意味な計測は無意味な統計をもたらす。たとえば近年、連邦政府がヘイトクライム（人種的偏見、宗教的偏見その他の偏見を動機とする犯罪）を数えようとしておこなっている取り組みを考えよう。

ヘイトクライムへの懸念の高まりを受けて、連邦政府はヘイトクライム統計を収集しはじめた。連邦捜査局（ＦＢＩ）は各自治体の警察に、管轄区域内のヘイトクライムについて年次報告を出すよう求め、一九九一年からＦＢＩは全国ヘイトクライム統計を発表しはじめた。

ＦＢＩは数十年来、各自治体の警察から犯罪件数についてのデータを集めていたが、ヘイトクライムを数えるうえで持ち上がる特殊な問題があった(6)。警察が通報された犯罪――たとえば強盗――を記録するのは、比較的単純な作業だ。普通、被害者は名乗り出て、強盗に金を渡すよう強制されたと語る。こうした事実から警察はこの犯罪を強盗に分類する。ヘイトクライムがあったことを確認するには、それだけではすまない。犯人の**動機**を評価する必要があるのだ。強盗事件も偏見が動機であれば、ヘイトクライムでありうる。しかし、強盗が他の動機で犯した犯罪はヘイトクライムではない。ヘイトクライムをどう定義し計測すべきかをめぐっては、意見の違いがある。当然のことながら、活動家のなかには、広くて多くの事例を含み負への誤分類を引き起こさない定義を支持する人がいる。たとえば、フェミニストのなかには、強姦は自動的にヘイトクライムと見なすべきだと主張する人がいる（強姦はすべて女性への偏見に基づいているというのが根拠だ(7)。しかし、自治体当局者は(地域内の軋轢を表面化させるのをためらい)ずっと狭い基準を支持するかもしれない。だから、アフリカ系米国人の家の芝生に十字架を立てて燃やす嫌がらせは、警察が犯人の動機をどう判断するか次第で、「ティーンエイジャーのいたずら」に分類されるかもしれない(8)。

自治体によって当局がヘイトクライムをどう計測するかに――それどころか、計測するかどうかという――大きな差があるため、ヘイトクライム統計は不完全でむらがある。一九九一年に、FBIは32州の警察からヘイトクライムのデータを集めたにすぎなかった。報告を提出した警察は全体の4分の1足らずだった。一九九六年には、49州とコロンビア特別区(首都ワシントン)がデータを報告したが、報告を出さない警察は依然として多かった。さらに重要なことに、報告を提出した警察のなかには、一九九六年には1件のヘイトクライムも記録していないとしたところが少なくなかった。12州がそれぞれヘイトクライムを10件足らずしか報告しなかった(9)。アラバマの警察は1件のヘイトクライムも報告しなかった。多くの自治体の警察がヘイトクライム統計を提出するのを拒んだ――さらに、ヘイトクライムを分類するのに州によってはなはだしく異なる基準を用いた――以上、集められ発表されたデータに大した価値はない。最も多くヘイトクライムを報告した自治体は、最もリベラルな政府が治めているところなのではないかとさえ考えられる。そういう自治体のほうが報告に真剣に取り組むよう警察に圧力をかける可能性が大きいからだ。そう考えると、ヘイトクライム統計はヘイトクライムの発生件数より自治体当局者の政治姿勢のほうをよく示しているのかもしれない。

記録は時がたつにつれて向上していくかもしれないが、プログラムの初期に報告されたヘイトクライム統計はほとんど無価値に等しい。ヘイトクライムを記録する際の慣行は明らかに自治体によって大きく異なり、意味のある比較は不可能である。しかも、報告体制が改善されるにつれて、報告されるヘイトクライムの件数はほぼ間違いなく増加する。つまり、以前ならヘイトクライムに数えられていなかった事例が数えられ、年次報告を見るかぎり、ヘイトクライムの発生件数が増えていることになる。計測が十分に標準化され、異なる自治体、あるいは異なる年について意味のある比較がおこなえるようになるまでは何年もかかるかもしれない。計測は常に重要だが、新たな計測方法をなぜとくに慎重に扱うべきなのかは、この例から明らかだ。

まずい標本

第2章で、代表的な標本から一般化をおこなうことの大切さを強調した。これは基本的な原則だが、忘れられやすい。たとえば、「40の国、地域の2000以上の都市の消費者によって850万回ダウンロードされた91万7410の画像、記述、ショートストーリー、アニメーションの調査」という副題のついた研究(10)を考えてみよう。ある男子学部生がこの研究を法学雑誌に発表し、ダウンロードされた画像の83・5%がポルノだったと報告した。一九九五年には、インターネットはまだ目新しかった。子供たちが頻繁にインターネットを利用しているのではないか、そして、親たちは子供をいかがわしいコンテンツから守れるほどインターネットを理解してはいないのではないかと人々は心配した。インターネットでやりとりされる情報の大部分がポルノであることが大規模な調査プロジェクトによって明らかになったと言われ、相当な不安が生じた。この研究の規模の大きさ――850万回ダウンロードされた91万7410の画像――を見ると、この研究は網羅的なものであるかのようだった。

しかし、もちろん、大きな標本が必ずしもよい標本であるわけではない。この場合、調査者はインターネットでやりとりされる情報の代表的な標本を集めたわけではなかった。画像ファイルを送る32のユーズネットグループのうち17グループへの投稿を調べたにすぎなかった。言い換えれば、この学生が発見したことからわかるのは、ポルノ画像はユーズネットでやりとりされる情報のおよそ3%を占めるにすぎないということで、しかもユーズネットはインターネット全体でやりとりされる情報のおよそ8分の1を占めるにすぎなかった。[11] 要するに、この標本は、インターネットのなかでまさにポルノ画像が集中している部分から抽出されたのだ。つまり、代表的な標本にはほど遠かったのである。この研究の結果を要約するとしたら、インターネットでやりとりされる情報の0・5%だけがポルノ画像だったと言えばよかった。これは、83・5%にくらべて著しく低く（そしてそれほど劇的でない）数字である。大きな標本を代表的な標本と取り違えると重大な誤りになりかねないことを、この例は思い出させてくれる。

この節で論じた三つのケース――教会の火事の不明確な定義、ヘイトクライムのむらのある計測、インターネットでやりとりされる情報の偏った標本――から、最も基本的な欠陥が社会問題についての統計をゆがめかねないことが明らかになる。この三つはどれも、メディアによって詳細に報道され、どれも政治指導者の関心を引いて懸念を呼び起こし、どれも突然変異統計が絡んでいた。また、三つのケースすべてで、最終的にはそのような統計が批判を招いたのも確かである。しかし、批判者がいつも一般の人々にうまく影響を与えられるとはかぎらない。おそらく、インターネットでやりとりされる情報の大半がポルノだと、あるいは、人種差別主義者の陰謀に加わっている者が多くの教会に火をつけたと、いまだに信じている人は少なくないだろう。突然変異統計はしばしば長生きするのだ。

変換——統計の意味を変える

突然変異統計の発生の仕方としては、ある数字の意味を変えるというものがある。普通、誰かがある数字を受け売りしようとして、なぜか違うことを言ってしまうのだ。この章の序論で一例を挙げている。拒食症の人15万人が拒食症による死亡15万件になってしまった話を思い出そう。もちろん、変換は、ある病気をもっていることとそれで死ぬことを同一視してしまう変換ほど明白におかしいものばかりではない。もっと微妙な誤解や論理的飛躍が絡んでいる場合も多い。

「米国の5万2000人の〔ローマカトリックの〕司祭のうち、6%が、成人してから未成年者に性的関心を抱いたことがある」という推定[12]がどう変化していったかを考えてみよう。この推定値は、もともと、悩みを抱えた聖職者の治療にあたっていた元司祭の心理学者が、自分の観察から引き出したものだ。要するに、知識に基づく推量にすぎない。それでも、この主張はしばしば受け売りされ（利用できる統計はこれだけだったのは疑いない）、その過程で少なくとも四つの重要な点で変形した[13]。第一に、この数字を受け売りした人のなかには、これが推定値であるのを忘れ、しっかり確認された事実——おそらく司祭に対する調査の結果——であるかのように言う人がいた。第二に、この心理学者の推定値は心理学的治療を求めた（不適切にも未成年者に心を引かれたことがある可能性がとくに高そうな）司祭の標本に基づいていたのに、この心理学者は、結論をすべての司祭に一般化してしまった。第三に、もともとの推定値は、実際に行動を起こした人の数ではなく性的**魅力を感じた**ことのある人の数に関するものだったのに、この数字を受け売りした人たちはしばしば、すべての司祭の6％が未成年者と性交渉をもったかのように言った。第四に、未成年者が「子供」と言いなおされた。論者たちは、司祭の6％が小児性愛者だと論じた（小児性愛者とは、思春期前の子供とセックスをする大人のことだ）。もともとの推定では、青年期の男女に魅力を感じる者の数は、もっと年齢の低い子供に魅力を感じる人の2倍だとされていたのだが、この点は忘れさられてしまった。かくして、治療を受けた司祭の6％が未成年者に性的魅力を感じたことがあるという推定が、すべての司祭の6％が子供とセックスをしたことがあるという事実に変形してしまった。この統計を受け売りした人全員が四つの変形すべてをおこなったわけではないが、6％という数字に「小児性愛司祭」を結びつける主張の大合唱のなかで、この数字のもともとの意味はすぐに見失われてしまった。

この例は、一個の統計がいくつかの点で変形されうること、ある数字がどんな形で誤解され、まったく新しい意味を与えられるかを予測しつくすのは不可能であることを示唆している。推測を変形するのは（推測に用いられる言い回しはしばしば漠然としているから）とくに容易かもしれないが、正確に定義された統計さえ変形することがある。

殺人統計はその一例だ。ＦＢＩは、犯罪発生率を計算するために殺人の報告を集めるだけでなく、補足的殺人報告（ＳＨＲ）を作成するためにもっと詳細な情報を収集しようとする。そして、各自治体の警察に一件一件の殺人について簡潔なＳＨＲ書式の記入欄を埋めるよう求める。書式は、たとえば、被害者の年齢、性別、民族、被害者と犯人の間柄、殺人の状況（たとえば、強盗の最中に起こったのか、口論の最中に起こったのか）を訊ねるものである。

ＳＨＲデータは不完全なものにならざるをえない。警察が他殺死体を見つけたとき、ＳＨＲ書式の記入欄全部を埋めるだけのことはわからないかもしれない。通常は被害者の年齢と性別は特定できるし、常にではないが、しばしば殺人の状況を明記できるが、犯人を特定しないかぎり、普通、被害者と犯人の間柄は知りようがない。このような場合、間柄は「不明」と記入される。ＳＨＲ報告のおよそ15％から20％が状況を「不明」とし、40％近くが被害者と犯人の間柄を「不明」としている。(14)

これは重要なことだが、ＳＨＲに関する机上事務は警察の本来の業務から派生した仕事であり、多くの警察で比較的低い優先順位しか与えられていないかもしれない。警察は、その殺人事件が明らかになった月の最終日から5日以内にSHR報告を提出するものとされている。FBIは、追加情報が得られたときは最新報告を出すよう求めているが、追加情報を報告する手間を惜しむ警察が多い。つまり、ある殺人事件の状況が当初、不明と報告され、後で判明しても、警察は必ずしも新たにわかったことをFBIに報告するわけではないのだ。

SHRに「不明」とあるのは、報告がおこなわれた時点で、警察が情報をもっていなかったということにすぎない。ところが、人々は時として、FBIに不明だと報告された状況や被害者と犯人の間柄について、勝手な思い込みを抱く。一九八〇年代はじめ、FBIは連続殺人の問題に世間の注意を引いた。(15) 目立った連続殺人事件がいくつか報道され、メディアは、これは新しい種類の犯罪ではないにしても少なくともいまだかつてなく拡がっている問題だと論じた。FBIは、常に35人もの連続殺人犯が活動しているかもしれないと見積もったし、メディアは、連続殺人犯の被害者は年に4000人から5000人にも上るかもしれないと主張した。(コメンテーターのなかには、この数字を誤解して、4000人から5000人の連続殺人犯が活動していると伝えた者もいた。)こうした統計がどこかおかしいのは明らかなはずだった。これでは、連続殺人犯はおのおの年に100人以上殺していたことになる。ありそうもないペースだ。論者たちはどうやって犠牲者４０００人という数字に達したのか。答えは簡単だ。ＳＨＲで犯行の状況か被害者と犯人の間柄が不明とされている殺人事件はすべて――あるいは少なくともかなりの部分が――連続殺人だと考えたのだ。連続殺人犯は見ず知らずの人を殺すことが多い、そこで、被害者と犯人の間柄が不明である事件はたぶん連続殺人だと、論者たちは考えたのである。

最近、殺人の大半は被害者と面識のない人物によるものだと言われているが、これも似たような論理を用いている。ＳＨＲの報告は被害者と犯人の15％を見知らぬ者どうしとしているが、被害者と犯人の間柄の40％近くは不明だとしている。ところが、被害者と犯人の間柄が不明な事件は、見知らぬ者の犯行にちがいないと解釈する人が出てきた。そういう人たちは、15％と40％を足し合わせて、殺人の大半（55％）は見知らぬ者が犯したものと結論づけた[16]。

連続殺人に関する主張も赤の他人による殺人に関する主張も、「不明」の意味を変換した結果生じたものだった。警察が被害者と犯人の間柄を分類できないのなら、その殺人は赤の他人――あるいは連続殺人犯――の仕業にちがいないと考えたのである。これは、不当な論理的飛躍である。もっと入念な調査をおこなった（たとえば、殺人事件に関する当局者による最終的な分類を調べた）研究者たちは、すべての殺人の（半分以上ではなく）20％から25％が赤の他人によるもので、連続殺人犯によるものは年に（４０００人ではなく）４００人くらいではないかと結論づけている。

ＳＨＲ統計の誤った解釈の話から引き出される教訓は、公式統計の意味について不注意な推論をすれば、意味の変換が生じてしまうということだ。今扱った例では、論者たちは、警察が「不明」とした事件で実際に何が起こったのかを知っているつもりになってしまった。論者たちは、赤の他人や連続殺人犯による殺人の件数を誇張した劇的で恐ろしい数字を持ち出し、これら意味の変換された数字は広く流布した。

変換がおこなわれると意味がずらされる。論者はＸについての統計をＹについての統計に転換してしまう。これは明らかな誤りだ。時として意図せずに変換を引き起こしてしまうことがある。このような変換はいい加減で不正確な言葉遣いの結果にすぎない。このような場合、人々は統計を受け売りしようとして、偶然、言い回しを変えてしまい、まったく新しい意味を生みだしてしまう。もちろん、誰かが自分の目標を達成するために人に誤った考えを抱かせようとしておこなわれる変換もある。

変換はしばしば、ある主張をもっと劇的にして「改良」する。拒食症患者の数が死者の数になり、青年期の男女に魅力を感じたことのある司祭が、子供とセックスしたことのある司祭になり、状況が不明な殺人事件が連続殺人事件になる。このような統計が受け売りされるのは、まさに劇的で関心を引きつける数字だからだ。ある統計の劇的効果を弱める変換は忘れられやすく、劇的な数字は繰り返し伝えられる見込みが大きい。統計版グレシャムの法則である。**悪い統計がよい統計を駆逐する**のだ。

そして、教訓はもう一つある。変換という誤りは数字オンチを反映していることが多いのだ。論者も一般の人々も流布している数字について批判的に考えない。拒食症で年に15万人の女性が死ぬわけがないのは、明らかなはずだった。同様に、毎年35人の連続殺人犯が４０００人を殺していると主張した人々は、この二つの数字を組み合わせると筋が通らず、どちらの数字も正しいということはありえないと気づくべきだった。

変換をおこなう論者が自分の数字オンチぶりを暴露しているのは明らかだが、責められるべきは論者だけではない。メディアなど、論者の主張を受け売りする側も大へまをしているのだ。拒食症や連続殺人犯のせいでこれだけの人が死んでいるという記事を書いた記者たちは、こんなことがありうるだろうかと自問すべきだった。受け売りする前にこうした主張について調査してもよかった。だが、どちらのケースでも、こうした数字は何年も流布しつづけた――しかも、疑問が投げかけられた後も繰り返し伝えられつづけた。これらの突然変異統計は今や容易に手に入る。インターネット上に、あるいは、多くの印刷物に簡単に見つけることができる。

変換の誤りは犯しやすく、正しがたい。

変換をおこなうには、統計を誤解し、それに新たな意味を与える形で数字を伝えるだけでいい。ひとたび新たな意味――突然変異統計――が手に入るようになると、さまざまな形で人々がそれに反応する――受け入れるか、伝えるか、あるいは単に異議を唱えないでいるかする――ことで、誤りはそのままにしておかれる。誰かが誤りに気づき、それに注意を引こうとしても、誤りは多くの人の頭のなかで正されないまま生きつづけることが多い。

混乱――複雑な統計をねじ曲げる

この章でこれまでに論じてきた例は、比較的単純な統計を誤解するという場合だった。しかし、理解しにくく見え、したがって混乱を招きやすく、そのせいでねじ曲げられる統計もある。(あらかじめ注意しておくが、以下の例はこの章でこれまでに扱った例とくらべて込み入っている。混乱を理解するのに高度な数学的知識は要らないが、まず統計がどのように計算され、次にどのようにねじ曲げられていくかに注意を払わなければならない。)

米国労働省から委託されて作成され、米国の労働力の変化を予測した一九八七年の報告「二〇〇〇年の労働力」を考えてみよう。(17)労働力人口は、いくつかの理由で次第に変化しつつある。最も重要な理由は、働く女性が増え、労働力人口に占める女性の割合が増えていることだ。さらに、労働力人口に占める非白人の割合が増えている（これは、移民パターンや民族による出生率の違いなど、いくつかの事情を反映している）。こうした変化があいまって、労働力人口に占める白人男性の割合は次第に減ってきている。一九八八年（「二〇〇〇年の労働力」が出てまもない頃）、白人男性は全就業者の47・9％を占めていたが、二〇〇〇年にはその割合は44・8％に下がると、報告は予測していた。

ところが、「二〇〇〇年の労働力」の執筆者たちは、変化をこのようなわかりやすい表現では述べず、「労働力への純付加」という言い方をした［表2］。これはどういう意味だろうか。報告は、一九八八年から二〇〇〇年までの間に労働力に加わったり、そこから（死亡、引退などの理由で）出たりする労働者の数を予測するものだった。たとえば、執筆者たちは、この期間に1350万人の白人男性が労働力に加わり、1130万人がそこから離れると見積もった。この二つの数の差――220万人――が白人男性の「労働力への純付加」となる。女性と非白人の労働者の数が白人男性の数より急速に増えているので、白人男性が労働力への純付加に占

表2　1988年から2000年までの民族別、男女別の労働力への純付加の予測

労働者のカテゴリー	予測される純付加	パーセンテージ
非ラテンアメリカ系白人男性	2,265,000	11.6
非ラテンアメリカ系白人女性	6,939,000	35.6
ラテンアメリカ系男性	2,877,000	14.8
ラテンアメリカ系女性	2,464,000	12.7
黒人男性	1,302,000	6.7
黒人女性	1,754,000	9.0
アジア系その他の男性	950,000	4.9
アジア系その他の女性	910,000	4.7
合計	19,461,000	100.0

この表で用いられているデータは「2000年の労働力」を作成するのに用いられたものと似たようなものだが、まったく同じではない。だから、数字のなかには、報告から引用したものに近い――が、まったく同じではない――ものもある。

予測される純付加とは、労働力に加わる労働者の数から、死亡、引退などのため、労働力からはずれる人の数を引いたもの。

出典：Howard N. Fullerton, "New Labor Force Projections, Spanning 1988 to 2000," *Monthly Labor Review* 112 (November 1989): 3-11 (Table 7).

める割合は比較的小さいと予測されていた。

「二〇〇〇年の労働力」の執筆者たちは、労働力に占める白人男性の割合が次第に下がっていくありさまを単純なパーセンテージ（一九八八年は47・9％、二〇〇〇年は44・8％）で描かず、もっとわかりにくい尺度（労働力への純付加）を用いることにした。これはまずい選択だった。というのも、混乱を招いたからだ。報告を作成した人たち自身さえ混乱したのである。「二〇〇〇年の労働力」には、報告全体を読むひまのない人のために要点をまとめた短い序論である「要約」がついていた。「二〇〇〇の労働力の要約」は、報告に述べられている調査結果をゆがめてしまい、こう主張していた。「むこう13年間に新たに労働力に加わる者のうち15％だけが米国生まれの白人男性である。それに対し、今日、このカテゴリーに含まれるのは47％だ」[18]。この文は二つの点で間違っていた。まず、（およそ15％が白人男性だと予想される）労働力への**純付加**を、労働力に**加わる者**すべてと混同していた（白人男性は労働力に加わる者すべてのおよそ32％と予想された）。第二に、労働力の純増加分に占める白人男性の割合と、既存の労働力に占める白人男性の割合（47％）との無意味な比較をおこなっていた。この統計的比較は劇的に見えたが、見当はずれだった。

ところが残念なことに、この劇的な数字は人々の関心をとらえてしまった。報道機関は、報告に述べられている主要な調査結果として労働者に占める白人男性の割合の低下を集中的に取り上げ、誤りをそのまま伝えはじめた。労働省の人々が混乱を収拾しようとしたが、予想がつくとおり突然変異統計は独り歩きしはじめた。[19] 政治家、労働者、産業界の指導者、活動家が口を揃えて、職場は急激に変化しようとしており、白人男性労働者――従来、労働者のなかで典型的で最も普通だったカテゴリー――は絶滅の危機に瀕した種族であると警告した。ねじ曲げられた統計はさらにねじ曲げられた。たとえば、ある当局者は議会で、「二〇〇〇年には労働力全体の65％近くが女性になる」と証言したが、なぜ、どうしてそういうことになるのか、誰も訊ねなかった。[20] 白人男性は消え去ろうとしているという主張が横行した。

人々がなぜこうした主張を繰り返したのかは見てとりやすい。全労働者に占める白人男性の割合がまもなく小さくなるという考えは、さまざまな政治イデオロギーの裏づけとなったのだ。リベラル派は、きたるべき変化を、女性とマイノリティーを助けるためにさらに多くのことをしなければならない証拠と見た。何しろ、女性とマイノリティーが将来の働き手なのだ。「二〇〇〇年の労働力」に基づくリベラル派の提案は、非伝統的（つまり、非白人と女性の）労働者のための職業訓練を拡充し、職場に多様性を持ち込む必要性について経営者と労働者を教育するプログラムを増やすことなどを求めた。これに対し、保守派は、労働力の変化を、移民、フェミニズムなどが伝統的な社会のあり方をおびやかしているさらなる証拠と見なした。白人男性労働者が消え去りつつあるという主張を、幅広い人々がうのみにした（「やっぱり！　言わんこっちゃない！」）。

「二〇〇〇年の労働力」への世間の反応は、教訓を与えてくれる。それは、**複雑な統計は突然変異統計の有力候補だ**ということだ。「二〇〇〇年の労働力」で述べられている統計がすべてそんなに複雑だったわけではない。だが、「労働力への純付加」の意味はわかりにくく、人々はもっと簡単な言い回しで言おうとして概念をねじ曲げてしまった。報告の執筆者たちは純付加についての統計を際立たせることにしたが、これはまずい選択だった。混乱を招いてしまったのだ。この比較的込み入った概念をおおかたの人は理解できないと気づくべきだった。（**数字オンチの大衆の理解力を買いかぶってはいけない**）。そして、もちろん、報告を解釈した人々は（要約の執筆者からして！）統計を受け売りし、意図せずにねじ曲げて、新たなまったくゆがんだ意味を帯びた数字を生みだしてしまった。こうして、正しいが理解しにくい統計が、理解しやすいがまったくでたらめな数字になってしまった。

同様の混乱を招いた例として、医療に関するある研究についての報道がある。外科医が黒人と女性を心臓カテーテル法による検査に回す可能性は白人や男性に対してそうする可能性より小さいということを、この研究は示しているとされた。[21] この研究で、研究者たちは、黒人も白人も、女性も男性も含む架空の患者について情報（たとえば、胸の痛みやストレステストの結果）を医師たちに与えた。そして、医師たちに、この患者たちをどう治療するか訊ね、どんな患者が心臓カテーテル法による検査に回されるかを調べた。興味深いことに、白人女性、黒人男性、白人男性は、この検査に回される確率が等しかった。それぞれのグループの患者の90・6％についてカテーテル法が適当だと判断された［表3の第一縦列］。これに対し、黒人女性は78・8％しかカテーテル法による検査に回されなかった。この研究は大きく報道され、メディアは結果を、黒人と女性は心臓検査を受ける可能性が40％低いということを示すものと要約した。どうして、このデータからこんな誤った統計を引き出せたのだろうか。

答えは研究者たちが結果を**オッズ比**で報告しようと決めたことにある。この統計を導き出すうえで、二段階の計算がおこなわれた。まず、研究者たちは、それぞれのグループの人々が、カテーテル法による検査に回される**オッズ**を計算した［表3の第二縦列］。白人女性の90・6％がこの検査に回されたことを思い出そう。これは、白人女性1000人のうち、906人がこの検査に回され、94人がそうならないということだ。したがって、白人女性がこの検査に回されるオッズは、9・6：1（906／94）である。つまり、この検査に回されない白人女性1

表3 性別・民族別の、心臓カテーテル法による検査に回される割合、判定オッズ、オッズ比、リスク比

	要検査判定率[a]	判定オッズ[b]	オッズ比[c]	リスク比[d]
患者				
白人男性	90.6	9.6:1	1.0	
黒人男性	90.6	9.6:1	1.0	
白人女性	90.6	9.6:1	1.0	
黒人女性	78.8	3.7:1	0.4	0.87
合計データ				
白人全体	90.6	9.6:1	1.0	
黒人全体	84.7	5.5:1	0.6	0.93
男性全体	90.6	9.6:1	1.0	
女性全体	84.7	5.5:1	0.6	0.93

a あるカテゴリーのなかでカテーテル法による検査に回される人のパーセンテージ。

b あるカテゴリーのメンバーがこの検査に回されるオッズ。要検査判定率を、100%から要検査判定率を引いたもので割ったもの。たとえば、この検査に回されなかった白人男性1人につき、この検査に回された白人男性が、90.6/(100−90.6)で9.6人いた。

c 2つの集団のオッズ比。ある集団のオッズを基準集団のオッズで割ったもの。たとえば、黒人女性のオッズ／白人男性のオッズ＝3.7/9.6＝0.4。

d 2つの集団の判定率の比。ある集団の要検査判定率を基準集団の要検査判定率で割ったもの。たとえば、黒人女性の要検査判定率／白人男性の要検査判定率＝78.8/90.6＝0.87。

出典：Lisa M. Schwartz, Steven Woloshin, and H. Gilbert Welch, “Misunderstandings about the Effects of Race and Sex on Physicians’ Referrals for Cardiac Catheterization,” *New England Journal of Medicine* 341 (1999): 279-83.

人につき、そうされる白人女性が9・6人いるわけだ。黒人と白人の男性は、この検査に回される割合がまったく同じだったからオッズも同じだったが、黒人女性のオッズは3・7：1にすぎなかった（黒人女性1000人のうち、788人がこの検査に回され、212人がそうならない——この検査に回されない黒人女性1人につき、そうされる黒人女性が3・7人いる）。白人の男性と女性は要検査判定率が同じなので、ひとくくりにすると、白人全体のオッズも同じ——9・6：1——であることに注目しよう［表3の下半分］。しかし、（白人と要検査判定率が同じである）黒人男性を（要検査判定率が落ちる）黒人女性と組み合わせると、黒人全体のオッズは低く——5・5：1に——なる。同様に、男性全体（黒人と白人）のオッズは女性全体のオッズより高い。

ここまで私たちは、心臓カテーテル法による検査に回される**オッズ**について語ってきた。ところが、研究者が報告したのは**オッズ比**[22]だ。オッズよりやや込み入ったこの統計数字に計算の第二段階がかかわっている［表3の第三縦列］。たとえば、男性がこの検査に回されるオッズ（9・6）と女性がそうなるオッズ（5・5）の比は1：0・6（5.5／9.6＝0.6）。（同様に、白人がこの検査に回されるオッズ［9・6］と黒人がそうなるオッズ［5・5］の比も1：0・6だ。表3では、この比は単に0・6と記されている。）オッズ比は労働力への純付加と同じく、直観的に意味がつかめない数字だ。たいていの人はオッズ比で物事を考えたりしないし、そもそもこの用語の意味さえ理解していない。

黒人と女性が心臓検査を受ける可能性は白人と男性の60％だと報じた記者たちは間違いなくそうだった。この人たちは、オッズ比（0・6）を、心臓検査を受ける可能性の比だと誤解してしまった。心臓検査を受ける可能性の比は**リスク比**だ。白人の90・6％と黒人の84・7％が検査に回されるのなら、黒人が心臓検査に回される可能性は白人の93％（84.7／90.6＝0.93）だ［表3の第四縦列］。つまり、心臓検査に回される可能性は、黒人が白人の93％、女性が男性の93％だった。つまり、黒人と女性が心臓検査に回される可能性は40％低いわけではなかった。7％低いだけだったのだ。

「二〇〇〇年の労働力」の場合と同じく、研究結果の誤解は、一つの統計の誤解にはじまった。記者たちは馴染みの薄いオッズ比という概念をもっと馴染み深い確率の話に翻訳しようとし、その結果生じた主張（黒人と女性は、検査に回される確率が40％低い）はまったく間違っていた。この事例については、触れておくべき点がもう二つある。まず、研究者たちは、男性のデータと女性のデータ（および黒人のデータと白人のデータ）をくらべることにしたせいで、自分たちの出した結果の本質をゆがめてしまった。白人男性、黒人男性、白人女性の要検査判定率がまったく同じだったのを思い出そう。男性全体と女性全体、黒人全体と白人全体を比較したため、実際のパターン（黒人女性だけ率が低かったこと）がぼやけてしまった。調査者たちは、女性や黒人が全体として、心臓検査に回される確率が低いと示唆するのではなく、黒人女性は他の患者と異なる処置を勧められたという点を強調すべきだった。

第二に、カテーテル法による検査に回されることの意義に疑問をもっていい。報道は、単純に心臓カテーテル法が常に適切だと想定したもので、結果的にどの患者もこの処置を勧められるべきだと暗に示唆していた。しかし、これは間違っているかもしれない。もしかすると、医師は男性と白人女性に危険な処置をせっかちに勧めすぎるということを、この研究は示していたのかもしれない。だが、報道でこの可能性が考慮されることはなかった。（また、研究対象となった医師たちは架空のファイルを検討していたのであって、実在の患者を治療していたわけではないが、報道機関はそれを忘れがちだった。）

複雑な統計がどれほど容易に混乱を招いてしまうかという点は重要である。何しろ、私たちは複雑な数字がありふれたものになっていく世界で暮らしているのだ。単純な統計的概念——分数、パーセンテージ、率——は多くの人にまあまあよく理解されている。しかし、社会問題には、専門家が開発した込み入ったモデルによってしか理解できない複雑な因果関係の連鎖が絡んでいるものが多い。たとえば、なぜ一部の人が心臓病やガンにかかるのかについては、現在の理解では、遺伝が一役買っており、さまざまな行動（食事、運動、喫煙など）が役割を演じ、環境が影響を及ぼしていると考えられている。こうした問題の相互に関連した原因を整理するには、比較的込み入った統計的概念――純付加、オッズ比といったもの――が必要だ。私たちがこうした概念についてもつ理解が不完全なら、また、私たちに統計を伝えてくれる記者などの人たちが私たちと同じように混乱していたら――たぶん実際にそうだろう――私たちがすぐにも、突然変異を起こした統計を耳にする――そして受け売りし、それに基づいて決定を下す――可能性は大きい。

複合的な誤り――おかしい統計の連鎖をつくりだす

すでに述べたように、おかしい統計が独り歩きすることがよくある。めったに批判されないので、広く受け入れられ、何度も繰り返し伝えられ、そのたびに信頼度が増す。あれが正しい数字だと誰もが同意しているではないかというわけだ。そして、もちろん、おかしい統計は突然変異によってさらにおかしくなる。誤用や誤解によって数字はいっそうゆがめられる。しかし、それで話は終わりではない。おかしい統計が、さらなる統計を計算する基礎になると、さらに影響を及ぼすことがある。

このプロセスは、誤りを合成して、おかしい統計の連鎖をつくるものと考えていい。一つの疑わしい数字が別の欠陥統計の基礎になる。そして、第二のおかしい数字がまた別のおかしい数字につながるという具合に、数字が誤りの連鎖をつくる。

例として、キンゼイ報告がどのように利用されてきたかを考えよう。一九三〇年代、四〇年代に、生物学者のアルフレッド・キンゼイと同僚たちが、数千人に対し長時間にわたって性体験に関する面接調査をおこなった。この面接調査は2冊の本の基礎となった。その2冊とは、『男性の性行動』（一九四八年）と『女性の性行動』（一九五三年）。一般に「キンゼイ報告(23)」として知られている。キンゼイ報告は、大半のセックスは結婚生活の枠内でおこなわれるという上品なフィクションに異論を突きつけた。マスターベーションや婚前性交といった幅広い性行動を経験している人が数多くいることを明らかにしたのだ。しかし、キンゼイのデータはさまざまな性行動の発生率について正確な推定値を提示できなかった。数千人の面接調査対象は大きな標本ではあったが、無作為標本ではなかったし、代表的なものではなかった。標本は世間の人々一般より大学教育を受けた人の割合が高かったし、キンゼイは幅広い性体験を探ろうとして、同性愛行為をしている人を相当数、また投獄されたことのある人も数多く、故意に面接調査の対象に含めた。にもかかわらず、コメンテーターはキンゼイ報告を、信頼できる代表的な米国民像を描きだしているかのように扱うことがある。たとえば、ゲイとレズビアンの活動家は、人口の10分の1が同性愛者だと主張することがあり、その主張の裏づけとしてキンゼイ報告を引き合いに出す。

キンゼイ報告は人間を異性愛者と同性愛者に単純に二分するのではなく、人々が、同性愛体験のまったくない人から、何度か同性愛体験をしている人、そして性体験と言えば同性愛体験しかない人にいたる連続体をなしているありさまを描きだした。それでも、男性に関する報告は「男性の10％は16歳から55歳までの間に少なくとも3年間をだいたい完全な同性愛者として過ごす」と見積もった[24]。（後に、もっと代表的な標本に基づいた調査で、10人に1人という見積もりは同性愛者の割合を誇張しているという結論が出ている。一時期〔普通、青年期ないし成人期のはじめに〕同性愛を経験したことのある人は、男性の3％から6％〔女性ではもっと小さい割合〕を占め、成人に占める同性愛者の割合はこれより低い――1％から3％である――という結果が一般的である[25]。）しかし、ゲイとレズビアンの活動家はしばしばこうした見積もりに反論する。10人に1人という数字のほうを好むのだ。10人に1人なら、数の点でアフリカ系米国人にほぼ匹敵する――無視するには大きすぎる――重要なマイノリティー集団だということになるからである。こうして、10%という数字は生きつづけ、ゲイとレズビアンをめぐる新たな統計を算出するにあたってしばしば用いられる。

例としてティーンエイジャーの自殺の3分の1――年間およそ1500件――はゲイかレズビアンの若者によるものだという主張を考えてみよう。ゲイ活動家は、ゲイとレズビアンの若者が直面している苦しみを強調するために、この統計を持ち出す。汚名と社会的孤立が過酷なあまり、多くの若者が自殺に追いやられているのだと。(26)

しかし、ゲイのティーンエイジャーの自殺件数を正確に計測することなど誰が望めるだろうか。ゲイとレズビアンには、自分の性的指向を隠そうとする者が多いし、秘密を守ることが重荷になって自殺に追いやられるティーンエイジャーもいるのは間違いない。しかし、自殺するティーンエイジャーのうち、誰がゲイやレズビアンであるかがどうしてわかるだろう。検死官は死亡証明書に性的指向を記録しないのだ。

では、論者たちは自殺するティーンエイジャーの3分の1が同性愛者だという統計にどうやってたどりついたのか。おかしい統計の連鎖をつくりあげたのだ。まず、お馴染みのキンゼイ報告に基づいた、人口の10分の1――おそらくティーンエイジャーの10分の1――が同性愛者だという主張から出発した。年におよそ4500件のティーンエイジャーの死亡が自殺とされる。だから平均で、このうち10%――450件――がゲイやレズビアンのティーンエイジャーによるものであるはずだ。(すでに怪しげな統計を一つ、つまり、人口の10%がゲイかレズビアンであるという――キンゼイの疑わしい標本から引き出された――数字を採り入れてしまったことに注意しよう。)

次に論者たちは、同性愛者が自殺を試みる率は異性愛者の2倍から3倍だというさまざまな研究を引用した。ここで注意すべきは、比較されている二つの集団の一方は正体を隠していることが多いうえ、問題の行動は往々にして密かにおこなわれるのに、それぞれの集団がこの行動をとる率がわかっているかのように、この数字が主張されているということだ。10%(人口に占める同性愛者の割合の推定値)に3をかけると、ゲイとレズビアンが自殺者の30%を占めるという推定が出され、さらにこの数字が3分の1に水増しされた。* こうして、ティーンエイジャーの自殺4500件の3分の1――1500件――がゲイかレズビアンの若者によるものだということになった。

*ここにはもう一つ、数字オンチの誤りが隠れている。かりに人口の10%が同性愛者であり、その自殺率が異性愛者の3倍だとしても、同性愛者は自殺者の3分の1ではなく4分の1

を占めるにすぎないのだ。Zを異性愛者の自殺率だとすると、（人口×0・1〔人口に占める同性愛者の割合〕×3Z）＋（人口×0・9〔人口に占める異性愛者の割合〕×Z）＝4500（ティーンエイジャーの自殺の総数）で、（人口×0・1×3Z）＝1125＝4500の4分の1。

最終的に導き出された数字が論者のさまざまな仮定に依存していることに注意しよう。ティーンエイジャーに占める同性愛者の割合を3％あるいは6％と見積もれば、ゲイのティーンエイジャーの自殺件数は下がる。同性愛のティーンエイジャーの自殺率が異性愛者の2倍でしかなくても、やはり数字は下がる。（たとえば、青年の3％がゲイかレズビアンで、その自殺率が異性愛者の2倍だとすれば、同性愛者はティーンエイジャーの自殺者の6％足らずを占めるにすぎないことになる。）最終的に導き出された数字は、計算をおこなううえで用いられるさまざまな仮定に完全に依存しているのだ。

この例は重要な教訓を二つ与えてくれる。一つは、おかしい統計が生きつづけるということだ。おおかたの社会科学者は、同性愛者が10％というキンゼイの見積もりは高すぎると考えた。その後のもっと信頼できる研究では、一貫してこれより低い推定値が出ている。だが、ゲイやレズビアンの活動家のなかには、依然として10％という数字を挙げている人がいる。それが、利用できる最も大きな数字だからだ。そして、この数字は他の計算にも使われる。ゲイのティーンエイジャーの自殺件数だけでなく、ゲイの投票者、エイズの危険にさらされているゲイの数などの計算にも。

二つめの教訓は、一つめの教訓より学びにくいかもしれない。それは、ゲイのティーンエイジャーの自殺件数についての主張を見聞きしたら、頭のなかで警報ベルを鳴らすべきだということだ。どの死亡が自殺で、どのティーンエイジャーがゲイなのかを知るのがむずかしいことを考えれば、ゲイのティーンエイジャーの自殺件数を知るのがむずかしいのは明らかである。論者がどうやってその数字にたどりついたのか、また、その計算の背後にどんな仮定がおかれているのか、疑問をもつのはもっともなことだ。その仮定はまったく妥当なものかもしれないが、吟味して当然である。しかし、もちろん、そのような吟味がなされるのは例外的な場合だ。ある統計――たとえば、ゲイやレズビアンがティーンエイジャーの自殺の3分の1を占めるという主張――がひとたび提示されると、その妥当性について疑問を突きつけられることなく、受け売りされ、広く流布しがちである。

複合的な誤りが起こるきっかけは、普通の種類のおかしい統計――当て推量、まずいサンプル、意図しない変換、場合によっては複雑な統計の意味をめぐる混乱――のどれでもありうる。

人々はどうしても統計を利用したがり、数字の意味を探りたがる。ホームレスの数についての見積もりがあれば、ホームレスのための社会福祉のコストを予測する助けになるし、人口に占める同性愛者の割合の推定値があれば、自殺を試みるかもしれないゲイやレズビアンのティーンエイジャーの数を予測できる。しかし、もとの数字がおかしければ――おかしい数字がどのように流布するか、数多くあるその道筋の一部をすでに見た――複合的な誤りが起こりうる。このような統計を評価するには、別のレベルの批判的思考が必要だ。論者が手元の統計（ゲイのティーンエイジャーの自殺が１５００件）をどのように導き出したのか、および、それ自体疑わしい何らかの数字（たとえば、人口の10％が同性愛者）に基づいて計算をおこなったのかどうかを問わなければならないのだ。二次的につくられた統計をどのくらい信頼すべきかは、こうしたもともとの数字の強みと弱点次第である。

突然変異統計の根源

第２章で扱った問題――当て推量、定義や計測や標本抽出の問題――は比較的単純で、見つけやすかった。しかし、突然変異統計を発見するには、ある数字の歴史をたどり、その意味や用途が時とともにどう変わってきたかを知る必要があることが多い。突然変異統計は必ずしもはじめからおかしいわけではない。おかしい統計は突然変異の恰好の基礎になることが多いが、よい統計でもおかしい突然変異統計につくりかえられかねない。

突然変異には原因がいくつかある。**数字オンチ**は突然変異の根本にある。人々が統計を――それがどのように生まれ、何を意味するのかを――理解していないと、心ならずも誤りを犯してしまいかねない。ある数字を受け売りしようとしてしくじり、その数字の意味を意図せずに変換してしまうかもしれない。複雑な統計は、私たちが混乱あるいは複合的な誤りと呼んできたものを招く。ある数字の意味が不明確であるほど、その意味を取り違えやすい。

突然変異統計は必ずしも不誠実さの証拠ではない。まったく誠実なのだが、数字オンチの論者が多いのである。こういう人たちは、問題は深刻であり、自分はその深刻さを他の人たちにわからせなければならず、統計のなかにはまさにその手段となるものがあると確信しているが、その数字がどのようにして得られたのか、あるいは実際に何を意味しているのかを誤解しており、これが、この章で詳しく述べたさまざまな誤りの多くの素地となっているのだ。

しかし、意図的な**操作**もある。意識的に統計的情報を特定の目的に利用しようとする試みだ。データは異なる印象が伝わるように提示できるし、論者が自分の伝える数字を意図的に選び、その数字を説明するのに用いる言葉を慎重に選ぶことはめずらしくない。つまり、論者が挙げる数字のなかには、その論者の立場を強化しそうだから選ばれるものもあるのだ。それでも誠実さを保つことはできる。何かを主張する論者は、ある統計を特定の仕方で解釈することにしたとはっきり述べればいいのだ。しかし、疑わしい解釈作業は隠されたままであることが非常に多く、情報の受け手から突然変異が隠されているとき、数字にも論者の誠実さにも疑いを抱いて当然である。

誠実であれ不誠実であれ、論者は劇的な統計、なるべく問題を深刻に――そして、対処する必要が切迫していると――思わせる数字を好む。ある数字の含意が劇的であるほど、その数字が繰り返して伝えられる見込みは大きい。変換や混乱や複合的な誤りから、もとの数字より劇的な突然変異統計が生じれば、その突然変異統計が広まる可能性は十分にある。突然変異統計は、ひとたび流布すると、打ち消すのがむずかしい。人々が立ち止まって数字を批判的に検討する可能性より、受け売りする（場合によってはさらに意図せずに変換してしまう）可能性のほうがずっと大きい。統計が劇的に見える場合はとくにそうだ。劇的であるがゆえに、受け売りされ、数字オンチが批判的思考を妨げるのである。

4 リンゴとオレンジ――不適切な比較

ある新聞記事が、二〇〇〇年の最初の6ヵ月間にデラウェア州（私が住んでいる州）で56人が交通事故で死んだと報じた。当然のことながら、この人たちの死は御家族や友人の方々にとっては悲劇だ。しかし、交通事故死者数56人というのはそれほど大きな数なのか。一般の人々の関心の的となるべきものなのだろうか。その記事についていた表では、二〇〇〇年の前半の56人という交通事故死者数が一九九九年の１０４人という交通事故死者数と対比されていた。それが暗に示唆していたのは、二〇〇〇年の後半もこのペースで交通事故死が増えつづければ、年間の交通事故死者数は前年を上回るということだった。そう考えると、56人は大きな死者数

——問題が大きくなっている証拠——だと思われるかもしれない。ところが、その表によれば、一九九七年には148人、一九九八年には116人が亡くなっていた。つまり、112人という死者数も、それほど大きな数ではないかもしれないのだ。(1)

この例は、孤立した統計、ぽつんとそれだけ示された数字を解釈するのはむずかしいことが多いということを示している。56人という交通事故死者数は、問題が大きくなっていることを示しており、したがって心配すべき数字なのか、それとも、交通安全が向上している証拠として喜ぶべき数字なのか。この数字の意味を理解するには、他の数字——他の年のデラウェア州の交通事故死者数、あるいは他の州の死者数——とくらべなければならない(ただし、デラウェア州の小ささを勘定に入れなければならない。ドライバーの数が少なく、道路の総延長も短いので、カリフォルニアやニューヨークよりは死者数がずっと少ないと予想される)。

たいていの統計は、理解するうえで数字を比較することが欠かせない。比較をおこなえば、ある種の背景のなかで数字をとらえることができる。最もわかりやすい比較は、異なる二つの時点の統計(たとえば、二つの年の交通事故死者数)をくらべて、事態が変化しているかどうかを確かめるものだ。(もちろん、社会問題をめぐる主張は普通、事態がよくなっているのではなく悪化していると示唆する。)他に、異なる場所(異なる州や異なる国の交通事故死亡率)、異なる集団（異なる年齢層や民族集団の交通事故死亡率）、さらには異なる社会問題（交通事故死者数と他の原因による死亡の件数）の比較もある。このような比較は必要だが、そこからおかしい統計も生まれる。まともな比較もあれば、そうでないものもあるのだ。「リンゴとオレンジをくらべるな」というお馴染みの警句は、不適切な比較の危険を思い出させてくれる。

よい比較では、比較できるものどうしが比較される。リンゴをリンゴと、オレンジをオレンジとくらべるのだ。比較できる統計数字とは、同じものを同じ仕方で数えたものだ。比較できない統計どうしを比較すると、混乱と歪曲が起こる。統計的比較を受け入れる前に、比較されている数字が本当に比較できるものかどうか、考えることが大切だ。あいにく、比較できる数字を見つけるのは厄介なことがある。一見、適切に見えて、実は重大な欠陥がある比較が少なくない。比較されている数字が、比較できるように見えて、実は比較すべきでなかったりするのだ。一見、比較されているのはリンゴばかりのようだが、実はいろいろな果物なのである。

異なる時点の比較

ある問題が「蔓延している」という警告を耳にすることがよくある。この表現は、その問題が急速に拡がり手に負えなくなっている状況を示唆している。事態が悪化しているのなら、とくに、急速に悪化しているのなら、行動を起こさなければならない。

ある社会問題が悪化している証拠を得るには、少なくとも二つの時点の間で何らかの社会的状態がどう変化したかを測る必要がある。時点Aで、問題はこのくらいひどかった。そして（それより後の）時点Bでは、これだけひどくなっていたというように。* 普通、今後も事態が悪化しつづけること、悪いほうへの変化がトレンド（趨勢）であることが含意されている。

*私たちはここで、誰かが二つの時点で実際に社会的状態を測ったと想定している。しかし、そうとはかぎらない。一九八〇年代はじめ以来、さまざまな政治家やコメンテーターが、一九四〇年代の公立学校の主要問題のリスト（一．おしゃべり、二．チューインガム、三．うるさい音を立てる、等々）と現在の主要な問題（一．薬物使用、二．飲酒、三．妊娠、等々）を対比してきた。この二つの対照的なランキングリストを見ると、二つの時代に誰かが調査（もしかすると教師に対する調査？）をおこなったかのようであるが、実際にはそうではなかった。このリストの出所であるキリスト教原理主義者のT・カレン・デイヴィスが説明しているとおり、「科学的調査で得られたものではない。一九四〇年代の学校で何が問題だったか、どうしてわかったか？　その場にいたんだ。今、何が問題かどうして知っているのかって？　新聞を読んでいるから」（Barry O'Neill, "The History of a Hoax," *New York Times Magazine*, March 6, 1994, p. 48）。つまり、当て推量はさまざまな統計の基礎

になるが、このように比較統計の基礎にもなるのだ。

変化を測りたければ、異なる時点を比較しなければならず、統計はそうした比較をする助けになる。しかし、二つの時点でのある社会問題の程度をくらべるとき、二つの計測結果の違いは必ずしもその社会問題の実際の変化を反映しないということを心にとめておく必要がある。その社会問題を測る仕方も変化するかもしれず、その変化が統計的比較に著しい影響を及ぼしかねないのだ。

計測方法の変化

児童虐待のことを考えてみよう。児童保護論者は時に、一九六〇年代以来数十年の間に児童虐待の件数がウナギのぼりに上昇したことを示す統計を引用する。たとえば、一九六三年に報告された児童虐待はおよそ15万件だったが、一九九五年には300万件近くに上った(2)。このような統計は、この間に児童虐待が著しく増えたことを証明しているように見えるが、このように単純に解釈するのは、米国人が児童虐待を定義し扱う仕方に起こった重要な変化を無視している。一九六〇年代はじめに、専門家、公職者、マスメディアは「バッタード・チャイルド（被虐待児）症候群」に世間の注意を促すようになり、「児童虐待」という言葉が広く用いられるようになった。児童保護論者たちは当初、医師が疑わしいけがを当局に通報しない事例に焦点を当てた。議員はこの問題について公聴会を開き、法律をどんどん厳しくしていって、医師に──後には看護婦、教師、保母など、子供を扱う人々にも──虐待の疑いのあるケースをすべて報告することを義務づけた。報告すべきケースを人々が見分けられるよう、訓練プログラムを通して虐待の徴候について情報が広められた。そのうえ、虐待の定義が拡がっていった。虐待には殴打の他にも多くのことが含まれると専門家が警告した。ネグレクト（養育拒否や放置）、性的虐待、心理的虐待なども含まれると。言い換えれば、さらに多くの人がさらに多くの種類の虐待を報告することを義務づけられたのだ。当然、虐待の報告は劇的に増えた。

一九六〇年以前、私たちが今日児童虐待と見なす事件の大多数は、報告されなかった。しかし、大きかった暗数は二つの変化によって縮小した。児童虐待の定義が拡がり、子供が被っている苦しみのうち児童虐待に含まれるものの範囲が前より広くなった。そして、ひとたび法律で専門家に事例の報告が義務づけられると、児童虐待の報告を作成する組織慣行が変わった。*どちらの変化も、報告される事例の割合を引き上げ、暗数を引き下げたはずだ。たとえば、以前なら、不審なけがを負って病院の救急処置室に運びこまれた子供は、治療を受けたら家に帰されたかもしれないが、新法では、疑わしいケースを報告することが義務づけられた。そして、虐待の定義が拡がって、疑わしいと認められるケースが増えていった。それでは、児童虐待の劇的な増加を示す統計をどう解釈すべきだろうか。虐待が現実に増えたことを明らかにしているのだろうか。それとも、前より多くの虐待の報告を生みだすような社会的状況を反映しているにすぎないのか。二つの時点の事例を数える方法が著しく異なっているとき、比較を解釈するのはむずかしくなる。

＊暗数が減っても、報告はけっして完璧にはならず、常に虐待のケースの一部は報告されないだろう。こうした負への誤分類（認知されない児童虐待）があると、論者がさらに広い虐待の定義と、疑わしいケースを報告する義務の強化を求める理由になる。こうした主張が新たな法律につながれば、報告されるケースの数はもちろん増える。そして、これは児童虐待が増え蔓延している証拠となり、対処を求める声がいっそう上がるようになるかもしれない。理論上は、このサイクルは際限なくつづきうる。

新たな社会問題に関心を集めようとするキャンペーンが成功すると、ほとんど常に、同じパターンの事態が生じる。それまで無視されていた社会的状態が深刻な社会問題と定義され、人々がそれについて心配し、問題を解決しようとしだすと、人々は前よりきちんと記録をとりはじめ、その結果、統計上その問題の事例は急激に増加する。たいていの場合、これは必ずしも問題が悪化しているということではない。この統計上の変化は、むしろ、人々がその問題を報告するに値するものと考え、もっと正確に記録するに値するほど重要だと見なすようになったという事実を反映している。統計は、問題の発生件数の変化よりむしろ、その問題に対する社会の態度と、問題を記録する機関の組織慣行がどう変化したかを測っているのだ。(ところが、活動家はしばしば、このような統計を問題が悪化している証拠として挙げ、問題に対処するためにさらに多くの対策をとらなければならないと論じる。)

意図的に計測方法が変えられる場合もある。一九七二年以来、米国司法省は、犯罪の被害者が人口に占める割合を知るために全国犯罪被害調査(NCVS)をおこなっている。NCVSの質問は、回答者を促して被害を報告してもらうには十分なものではないという批判を受けて、調査は負への誤分類を減らすべく修正された。被害体験をもっと多く思い出してもらい、どのくらいまでの事件を報告すべきなのかを理解させるような質問が新たにつくられた(調査の改訂は、とりわけ、親しい人や家族による性的暴行その他の犯罪についてもっと完全な報告を引き出すねらいでおこなわれた。)[3] 当局者は、新版の調査では被害の報告が増えると予想し、実際そのとおりになった。(新しい調査は、とりわけ、最初の調査よりはるかに多くの強姦と性的暴行の報告を引き出した。) 新版NCVSは、被害者からもっと完全な報告を引き出すことによって暗数を減らした。新旧の調査で報告された被害の程度は比較できない。被害の測り方が変わったからだ。司法省の研究者はこのことを理解していて、報告では、慎重に前の調査への回答を計算しなおして、データを比較できるものにしようとした。ところが、NCVSがどのように変わったのかを理解せず、新旧の調査の被害率を単純にくらべる人がいたら、容易に結果を誤って解釈し、被害の報告が突然増えたのは、単に被害の測り方が変わったからではなく、犯罪発生率が高まったからだという結論を下しかねない。

変わらない尺度

尺度の変化は、異なる時点の比較でとくによく起こる問題だが、尺度が変わらなかったら変わらなかったで、問題が起こることがある。それは、社会全体の変化のせいで、尺度の正確さが落ちるか、意味が小さくなるかしてしまう場合だ。＊ たとえば、一九四〇年代終わりに、連邦労働統計局（BLS）が、経済の生産性を測る報告を四半期ごとに発表しはじめた（経済の生産性とは基本的に、米国経済が生産した財の価値を人々の総労働時間で割ったものである。時間当たりの生産された財の価値が上がれば、生産性が上がったことになる）(4)。この統計はたちまち学者以外の人々の関心の対象となった。主要な産業の経営者と労働組合が、BLSによって測られる生産性の伸びに応じて賃金を上げる労働契約に同意した。今や生産性をどう測るかに大きな利害がかかっており、ＢＬＳ計算方式は制度化された。つまり、経営側は、生産性が上昇する（したがって賃上げが正当化される）ように計算方式を変えることに抵抗し、組合は、生産性を低下させる（そして賃上げを抑える）形で計算方式を変えることに抵抗した。ところが経済が発展するにつれて、この計算方式は時代後れになりつつあるという批判の声が上がってきた。たとえば、この計算方式はサービス産業の生産性をうまく測れなかったが、サービス産業が経済に占める比率は高まっていた。一九七〇年代に生産性は著しく落ちたが、それはかなりのところ、変容した経済でＢＬＳ計算方式が経済活動を正確に測れないことを反映していると批判者は論じた。

＊最もお馴染みの例は、インフレによる金銭の価値の変化だ。経済学者はこれを勘定に入れて、異なる年の金額を「固定ドル」で計算するよう注意する。

この例は、第2章で見た基本的な教訓を思い出させてくれる。計測には選択が絡む。あらゆる計測方法には限界があり、もっと正確なものになるよう計測方法を変えるもっともな理由があることもある。しかし、計測方法を改良すれば、おそらく結果として出てくる統計に影響を及ぼすことになる。古い計測方法で出された統計と改良された新しい計測方法で出された統計をくらべようとするときには、とくに注意しなければならない。統計の変化が、社会問題の性格の変化ではなく計測方法の選択の変化を反映しているかもしれないからだ。しかし、計測方法が変わらない場合でも、それによって測られる社会的状態が変化するにつれて、その計測方法の正確さが低下するおそれがあることにも注意しなければならない。

予測

異なる時点の比較としては、現在と未来の比較もある。もちろん、将来どうなるかは正確には知りようがないが、予測はできる。予測に大いに信頼がおける場合もある。毎年、出生と死亡がすべて――あるいは、ほぼすべて――記録されていれば、今年の出生数は5年後に幼稚園に入る5歳児の数を予測するための確かな基礎になる。私たちは、このコーホート（同時出生集団）のなかで何人が死に、移住によって何人が加わり、また差し引かれるかを予測しなければならず、予測の正確さは、コーホートに属する人数の変化をどれほどうまく予測できるかにかかっている。しかし、出生をきちんと記録している社会は、おそらく死亡もきちんと記録しているだろうし、子供の死亡率はあまり年によって変わらないだろうから、予測はまあまあ正確であるはずだ。

したがって、予測社会統計の価値は、計算の仕方にかかっている。5年後の幼稚園児の数を予測するのが比較的容易である理由は二つある。まず、予測の基礎になる初期推定値（出生記録）は比較的完全に近く、正確であると考えられる。医師や助産婦、病院は出生証明書の提出を義務づけられているからだ。第二に、私たちは長年、人口を記録しているし、こうした記録は年ごとに急激な変動を示すことはめったにないので、むこう数年間にコーホートの大きさに影響を及ぼす要因をかなりよく理解できていると考えられる。（20年後の20歳の人、70年後の70歳の人の数についても同様の予測ができる。遠い先の話になるほど予測の正確さにそれほど自信がもてなくなっていくのはやむをえない。）

しかし、すべての予測が、未来を決めそうな要因に対するしっかりした理解と確固たるデータに基づいているわけではない。たとえば、「クラック・ベビー」の将来についての予測を考えてみよう。クラック（純度を高めたコカインの一種）が突然、広く世間の関心を集めるようになったのは、一九九六年のことだ。クラックはとくに危険な麻薬だという警告が、さまざまな公職者、専門家、活動家、メディアから発せられた。警告のなかには、クラックを使っている母親が生んだ赤ちゃんの苦しみに焦点を合わせるものが少なくなかった。(5) このような赤ちゃんは、生まれたときから中毒にかかっていると考えられ、さまざまな医学上、行動上の問題を示すと報告された。たとえば、体重が標準より軽く、よりむずかる傾向があった。医師のなかには、クラック・ベビーは治療不可能な生物学的障害を背負っており、さまざまな医学的、心理学的問題、行動上の問題を一生抱えつづけるとか、永久に発育が遅れたままの者が多く、学齢に達したら特殊な教育を必要とし、ずっと社会福祉に負担をかけつづけると警告する者もいた。論者は、年に37万5０００人のクラック・ベビーが生まれるかもしれず、クラック・ベビーにかかる社会的費用は――この点では見積もりに大きな幅があり――年間5億ドルあるいは30億ドルあるいは２００億ドルにものぼるかもしれないと警告した。そういうわけで、クラックは、非合法の薬物が攻撃される通常の理由だけではなく、クラック・ベビーが社会にとって負の遺産となるという理由でも糾弾された。

しかし、時がたち、クラック・ベビーが大きくなるにつれて、この負の遺産は誇張されていたことが明らかになった。論者たちの主張には二つの誤りがあった。第一に、クラック・ベビーの数を過大に見積もっていた。その後の調査で、クラック・ベビーの年間出生数は3万から5万――以前の推定値のおよそ10分の1――だとされた。第二に、クラック・ベビーは予測されたような独特の永続する障害を示さなかった。と言っても、問題がなかったというわけではない。クラック中毒の母親は概して貧しかったから、妊娠中、十分な栄養をとらず、十分な医療を受けられなかったため、赤ちゃんは相当不利な状況にあった。しかし、このような境遇に生まれた子供のなかで、クラック中毒にかかって生まれた子供がとくに深刻な問題を抱えていたわけではなかった。もちろん、貧しさは子供の暮らしと将来の展望に重大な影響を及ぼすが、クラックが重大で特殊な苦しみを負わせるわけではなかったのだ。以前の予測は不正確な仮定に基づいていたのであり、見当はずれの予測だったことが明らかになった。

エイズの拡がりについての初期の予測にも同様の欠陥があった。エイズは一九八〇年代はじめに発見され、得体の知れない恐ろしい脅威となった。感染についての統計は、症例が急激に増えていることを示していた。これは、エイズの拡がりを反映するだけでなく、エイズに対する意識が高まり、医療従事者がこれはエイズではないかと疑い、そう診断する可能性がそれだけ高まった（そして、症例をエイズに分類するための定義も拡がった）ことも反映していた。それでも、エイズが将来どれほど拡がるかについて大きな懸念が湧き起こった。エイズが一般の人々に拡がるかもしれないという主張をメディアが伝えると、なおさら懸念は強まった。[6] 感染がゲイの男性、麻薬使用者、血友病患者に限られると思われるかぎり、大多数の人々は、自分は実質的に感染とは無縁だと思っていられた。ところが、一九八〇年代半ばになると、異性間性交でも（あるいは虫にかまれても）エイズをうつされるかもしれないという警告が発せられ、あらゆる人が自分も危険にさらされていると考えるよう促された。メディアは、異性間性交で感染するエイズの脅威のほうがニュースとして関心を引くと気づき、エイズ活動家たちは、幅広い人々が懸念を抱けば、エイズの脅威を根絶するための研究と治療への支持をそれだけ多く取りつけられると気づいた。

こうした懸念が、将来のエイズの拡がりを強調する予測の舞台となった。たとえば、一九八七年に主要なニュース雑誌の一つに載ったある記事は、一九九一年までに1000万の米国人がHIVに感染するかもしれないと予測した（疾病対策センターによると、実際に一九九一年までに報告された感染の件数は、およそ20万だった）。このような予測はいくつかの誤った仮定に基づいていた。なかでもとくに重大だったのは、人口に占める同性愛者の割合を誇張した見積もり（キンゼイ報告の10%という数字のいま一つの誤用。第3章参照）と、異性間性交でのエイズのうつりやすさを誇張した見積もりだ。論者たちは、性行為をしている人は誰一人として危険を免れないという主張と大きな数字を組み合わせて、人々の懸念を最大限にすることができたかもしれないが、論者たちの予測は、大はずれだった。

クラック・ベビーとエイズの例は、新たな社会問題の拡がりに関しては事態を誇張し最悪のケースを想定する予測をおこないがちであることを示している。もちろん、これも、大きな数字のもつ威力の例だ。恐ろしい予測は恰好のニュース種になるし、新たな社会問題の拡がりについて確かな情報が欠けていて、暗数が大きいかもしれないという心配があり、論者が切迫感を抱いていると、不安をかきたてる予測を喧伝するのがとくに容易になる。

異なる時点の比較をおこなわずして変化について語ることはできない。そのような比較は避けられないし、避けたいと思うべきでもない。しかし、変化についての統計に影響を及ぼす基本的な問題がいくつかある。変化する測定方法から——時として変化しない測定方法からも——持ち上がる問題を考えることは重要であり、予測の限界を認識することも重要である。変化についての主張は批判的に吟味されるべきだ。リンゴがリンゴと比較されているのか、それともまったく違うものと比較されているのかと自問しなければならない。

異なる場所の比較

標準的な比較としては地理的なものもある。異なる場所についての統計をくらべるものだ。比較されるのは、同じ種類の場所——二つ以上の都市、州、地域、国——についての数字かもしれないし、農村部と都市部といった異なる種類の場所かもしれない。

地理的比較は社会科学のかなりの部分の基本をなす。官庁が特定の管轄区域内の記録を保管する責任を負っており、こうした記録をくらべるのは比較的簡単なので、地理的比較は容易であることが多い。そこで、FBIは、すべての自治体の警察に、確認した犯罪についての報告を提出するよう求めている。おおかたの警察は協力し、FBIは、各州、郡、都市の犯罪率を計算して統一犯罪報告をまとめる。

このような比較をするには、異なる自治体の警察が比較可能な統計を作成することが前提となる。FBIは、確実にそうさせるために、各警察が報告をおこなううえで守るべき詳細な規則を定めている。それによって、すべての警察が同じ犯罪の定義と同様の計測方法を用いるよう図っているのだ。同様の定義と方法を用いれば、だいたい比較できる数字――リンゴとリンゴ――が出てくるはずである。

しかし、さまざまな警察がまったく異なる仕方で事件を定義したり、異なる方法で統計的情報を収集したりした結果出てくる数字を比較しても意味がない（以前のヘイトクライム統計のいい加減さをめぐる第3章の議論を思い起こそう）。例として、都市の警察の一部が記録している「ギャング絡み」の殺人を考えよう。どういう場合に、ある殺人が「ギャング絡み」だということになるのだろうか。この問いに対して警察が用意している答えはさまざまである。(7) ある警察は狭い定義を採用するかもしれない。たとえば、犯人と被害者が対立するギャングのメンバーだとわかっていて、**しかも**、その対立が殺人の動機だとわかっている場合にのみ、その殺人事件をギャング絡みと分類するものだ。一方、別の警察は広い定義を好むかもしれない。犯人と被害者の**どちらか**が、ギャングのメンバーであるか、ギャングのメンバーと関係しているかの**どちらか**であれば、動機に**かかわらず**、殺人事件をギャング絡みの事件に数えるものだ。どの定義を選ぶかは大問題である。ある研究では、広い定義を用いたときにギャング絡みの殺人に分類される事件の数は狭い定義を用いた場合の2倍になるという結果が出た。また警察は状況次第で、広い定義を用いたり（たとえば、ギャング絡みの殺人の件数を多くして、対ギャング部門の拡大と予算の増額を正当化しようとしたり）、狭い定義を用いたり（ギャングを抑え込むのに警察が成果を挙げている証拠として、少ないギャング絡みの殺人の件数を提示したり）するかもしれない。ポイントは、一方の定義が正しく、もう一方の定義が間違っているということではなく、むしろ、異なる定義を用いて集めた統計を比較しても意味がないということだ。同じく「ギャング絡み」の殺人を数えるといっても、異なる定義を用いれば異なるものを数えることになる。

地理的比較のなかでも、異なる国の比較はとくに厄介だ。簡単に思えても、言語、文化、社会構造が違うせいで、国際比較は一筋縄ではいかない。たとえば、米国は他の国々よりはるかにローヤー（弁護士）が多いという批判の声が上がることがある（普通、そこで暗に示唆されているのは、ローヤーの供給過剰が、行き過ぎた無分別な訴訟を助長しているということだ）[8]。これは単純な比較に見えるかもしれない。確かに誰でもローヤーの何たるかを知っているし、ローヤーを数えるのはそれほどむずかしくはないはずだ。ところが、こうした想定は、法曹界がどのように組織・管理されているかの国際的な違いを無視している。たとえば、米国では人口1万人あたりのローヤーの数は28人を超えるが、日本はローヤーがはるかに少ないとされる（人口1万人あたり1人ちょっと）。しかし、何をローヤーと言っているのだろう。米国では、ローヤーとは、法学の学位を取得して司法試験に合格した人のことだ（司法試験を受ける人の大半は合格する）。一方、多くの日本人が法学の学位を取得するが、そのうち、弁護士の資格を得るための試験に合格する人は2％足らずだ。法学の学位を取得した日本人の大多数は、政府機関や企業に所属して法律顧問業務に携わるが、弁護士には数えられない。これに対して、米国で同様の業務に携わる代理人はローヤーに数えられる。米国は日本よりはるかにローヤーが多いという主張は、米国のローヤーの総数と日本の弁護士の数の比較に基づいているのだ。弁護士以外の法学部卒業生をすべてローヤーに数えれば、人口に占めるローヤーの割合が米国と日本でおよそ同じくらいであることが明らかになる（一九八七年には、それぞれ、1万人あたり28人に32人だった)。となると、問題は、ローヤーの定義としては何が最も適切なのかということになる。

教育の成果の国際比較にも同様の問題が付きまとう。(9) メディアはしょっちゅう米国の子供は他の国々の子供より学力テストの成績が低いと報じる。時には、米国の子供はランキングの最下位に近いところ——あるいはまさに最下位——にいるとされることもある。このような比較は注意して解釈する必要がある。というのも、成績の違いは、子供の能力よりむしろ国による教育制度の違いを物語っているのかもしれないからだ。たとえば、米国ではほとんどすべての子供がハイスクールに通う(そして、8人に7人が卒業する)。これに対して、たいていの国では、よくできる生徒だけが米国のハイスクールに相当する学校(つまり、高等教育機関に入学する準備をするための学校)に通い、他の生徒は職業教育など異なる進路に進む。だから、高校生の国際比較は米国人のほぼ全体(成績のよい優等生と成績の悪い劣等生の両方)を他の国の優等生のみ(平均成績が比較的高い集団)とくらべていたりするのだ。異なる国の生徒が同じテストを受けても、生徒の標本がまるで違っていれば、またもやリンゴとオレンジをくらべることになってしまう。* もちろん、ポイントは、米国の生徒が他の国の生徒よりできる、できないということではなく——この問題をめぐっては相当な論争がある——そのような主張をするには、どんな性格の比較がおこなわれているのかを注意深く考える必要があるということだ。

＊テストの成績の国際比較には他にも問題がある。たとえば米国の数学教育は、一部の国と比較して、問題解決に重きをおき、計算にはそれほど重きをおかない傾向がある。米国の子供は、問題解決を重視したテストでは比較的よい成績をとる傾向があり、計算を重視したテストでは比較的成績が低くなる傾向がある。これも、計測方法の選択が大きな意味をもついま一つのケースだ。

地理的比較の基本的な問題は、さまざまな場所から集められた統計が、異なる定義と異なる計測方法に基づいており、したがって実は比較できない可能性が十分にあるということだ。地理的比較をおこなうのが望ましい場合は多いのだが、統計を解釈するときは慎重さが必要なのだ。

集団間の比較

私たちは異なる人々の集団をくらべることもできる。たとえば、互いに社会階層、民族的背景、宗教の異なる人々の比較だ。集団どうしが何らかの点で異なると論じるのも社会科学の基本的な統計的分析の一つであるが、異なる時点や場所の比較と同じく、このような議論にも陥りがちな落とし穴がある。

最もわかりやすい問題は、大きさの異なる集団をくらべるときに持ち上がるものかもしれない。たとえば、米国で最も急速に成長している宗教は、ある新しいカルトだという話を耳にしたとしよう。数字を調べてみると、去年、そのカルトにはメンバーが20人いたが、今年は200人増えた――1000%増えた――とわかった。これが劇的な増加であり、このカルトより大きくて地位を確立している宗派が太刀打ちできない増加率であるのは間違いない。たとえば、米国にはローマカトリックの信者がおよそ6000万人いる。一年で1000%増えるには、6億人も増えなければならない。（そうすると、カトリック教徒の総数――6億6000万人――は米国の人口〔一九九八年の時点で2億7000万人〕を超えてしまう。どう考えてもありえない話だ。）一方、20人しかいなかったカルトのメンバーが200人増えれば驚異的な増加だが、カトリック教徒が200人増えても目覚ましい躍進ではない。この例から窺えるように、大きさの異なる集団の統計的比較は誤解を招きかねない。

統計を用いた主張のなかには、集団の大きさの違いを利用して、社会問題の特定の側面を強調しようとするものがある。米国で人種をめぐっておこなわれている議論を例にとろう。米国国勢調査局の推定によると、一九九六年の米国の人口の82・9％が白人、12・6％が黒人、4・5％がその他（アジア系やアメリカ先住民など）だった。この一見簡単に見える分類そのものが、いくつかの理由で議論を呼ぶものである。まず、人口の相当部分が混血であるにもかかわらず、米国人一人ひとりをいずれか一個の人種カテゴリーに分類している点で、明らかに事態を単純化しすぎている。また、ヒスパニックないしラティーノ（ラテンアメリカ系）を無視している（国勢調査局はヒスパニックを人種カテゴリーというよりむしろ民族カテゴリーとして扱い、ヒスパニックの一部を白人、一部を黒人、一部をアメリカ先住民に分類している）。さらに、人種カテゴリーの呼び名が時とともに変わる（たとえば、ニグロから黒人に、さらにアフリカ系米国人に）など。[10] 以下の議論は、こうした論争は一切無視し、ただ一点に焦点を合わせる。それは、白人の数は黒人の6倍以上であるということだ。

黒人より白人のほうが多いという事実は、多くの統計的比較にとって支障とならない。たとえば、この二つの集団それぞれの平均をくらべて、平均して白人のほうが所得が高いとか、寿命が長いとかいったことを示せる。集団平均、集団内のパーセンテージ、さまざまな率をくらべることは、この二つの集団の大きさの違いにかかわらず可能だ。

しかし、大きさがまるで異なる集団どうしで**事例の数**をくらべると、混乱を招くことになる。かりに、誰かが「貧しい人の大半は白人だ」と主張したとする。論者は時として、このような主張を用いて、貧しい人と言えば黒人だというステレオタイプに異議を唱える。しかし、この主張は驚くに当たらない。白人の数が黒人の6倍で、貧困が各人種に一様に分布しているとすれば、貧しい人にかぎっても、白人の数が黒人の6倍であるはずだ。ここで700の家庭——白人家庭600と黒人家庭100——を想像しよう。白人家庭60と黒人家庭20が貧しければ、明らかに貧しい白人家庭のほうが貧しい黒人家庭より多い。しかし、この比較は二つの集団の大きさの違いを無視している。それぞれの集団に占める貧しい家庭の割合をくらべれば、白人家庭の（60割る600で）10％が貧しく、黒人家庭の（20割る100で）20％が貧しいことがわかる。この架空の例で貧しい人の大半が白人であるのは確かだが、これは格別意味のあることではない。二つの集団の大きさの違いを考えれば、たいていのカテゴリーで白人の数が黒人を上回る可能性が大きいからだ。このような場合は普通、各集団内のパーセンテージや率をくらべるのが理に適っている（今の例で言えば、黒人家庭の貧困率は白人家庭の貧困率の2倍である）。

数と率のどちらを伝えるかによって、論者は大きく異なる印象を抱かせることができる。表

表4 1997年の暴力犯罪による白人と黒人の被害と逮捕の比較

	数	パーセント	率[a]
被害[b]			
白人	7,068,590	82.1	37.1
黒人	1,306,810	15.2	46.8
逮捕[c]			
白人	284,523	56.8	1.5
黒人	205,823	41.1	7.4

a 10歳以上の人1000人当たりの数。

b 1997年の全国犯罪被害調査に基づく個人の被害（暴力犯罪）についての推定値。

c 1997年の統一犯罪報告で報告された暴力犯罪逮捕件数。

出典：Kathleen Maguire and Ann L. Pastore, eds., *Sourcebook of Criminal Justice Statistics, 1998* (Washington, D. C.: Bureau of Justice Statistics, 1999), pp. 176, 342; U.S. Bureau of the Census, *Statistical Abstract of the United States:1998*, 118th ed. (Washington, D. C., 1998), p. 14.

4のデータを考えてみよう。これは、一九九七年に暴力犯罪による白人と黒人の被害と逮捕に関するものだ（被害件数は、人々に犯罪の被害に遭ったことがあるかどうかを訊ねた全国犯罪被害調査による。逮捕件数は、警察からFBIへの報告による）。表は三つの縦列からなる。一列めは各人種の被害と逮捕の件数を示している（つまり、推定706万8590人の白人が暴力犯罪の被害に遭っているなど）。二列めは、パーセンテージを示している（たとえば、暴力犯罪の被害者の82・1％が白人、15・2％が黒人だった。この表に掲げられているパーセンテージを合計しても100％に満たない。被害や逮捕のなかには他の人種が絡むものもあるからだ)。三列めは、率を示している(たとえば、10歳以上の白人1000人あたり、37・1人の白人が暴力犯罪の被害に遭っている)。さて、ここで二人の論者を想像しよう。一人めはこう言う。「白人は暴力犯罪の被害者の80％以上を占めるが、黒人は白人のおよそ5倍の率で逮捕されている」。一方、もう一人はこう言う。「黒人は白人より25％高い率で被害に遭っているが、暴力犯罪で逮捕される人の大半は白人だ」。どちらの論者の言い分も正しいが、二人はまるで異なる(そして、ともにゆがんだ)印象をつくりだしてしまっている。一人めは、犯罪問題とは黒人犯罪者と白人被害者の問題であると、また二人めは、犯罪問題とは白人犯罪者と黒人被害者の問題であると暗示している。それぞれのケースで、論者はリンゴ(ある集団が総数に占めるパーセンテージを測る統計——集団の大きさの比に大きく左右される数字)と、オレンジ(率——集団の大きさの違いに左右されない数字)を対比して、ゆがんだ印象をつくりだしている。ここから引き出すべき教訓は、集団をくらべるときは、集団の大きさの違いを心にとめておかなければならないということだ。集団の大きさが著しく違うときは、その事実が統計でどう扱われているかを考える必要がある。

人種集団をくらべるときに持ち上がる問題がもう一つある。白人と黒人を比較する社会科学者のおおかたは、人種そのもの――つまり、人種の生物学的な違い――が格別重要だとは考えていない。むしろ、人種を社会階級の大雑把な尺度として扱っているのだ。階級そのものは定義・計測しにくい。おおかたの社会学者は、階級は、どのくらい金をもっているか、その金をどのように手に入れたか、どれだけ教育を受けたかといったことと関連していると認識している。一般に、白人と黒人の間にはこうした点で違いがある。平均して、白人は黒人より所得が多く、資産が大きく、教育程度が高い、などなど。だから、平均して白人は黒人より高い階級に属している。しかし、官庁は、日常的に階級ではなく人種についてデータを収集している。学校は生徒を白人とか黒人に分類する（が、普通、中産階級、労働者階級、下層階級とは分類しない）。警察は逮捕者を階級ではなく人種で分類する、といった具合だ。だから、実際問題として、階級の異なる人どうしより人種の異なる人どうしを対比するほうがずっと簡単なのだが、人種集団の間にある違いには、実は肌の色の違いというよりむしろ金を手に入れることの容易さの違いから生じる階級の違いと言えるものが少なくない。

人種と階級の影響を整理するには、両方の変数を測る統計が必要である。たとえば、表4のデータは、白人より黒人のほうが逮捕率が高いことを示している。警察が逮捕者の社会階級についての情報を集めれば、階級を考慮しながらデータを再検討できる。表5はこの種の分析に

表5　人種間の違いに見えるものが実は階級間の違いの反映かもしれないことを示す架空のデータ

白人の若者100人の逮捕件数は10件（逮捕率＝100人あたり10件）
中産階級の白人の若者80人の逮捕件数は4件（逮捕率＝100人あたり5件）
下層階級の白人の若者20人の逮捕件数は6件（逮捕率＝100人あたり30件）
黒人の若者100人の逮捕件数は17件（逮捕率＝100人あたり17件）
中産階級の黒人の若者50人の逮捕件数は2件（逮捕率＝100人あたり4件）
下層階級の黒人の若者50人の逮捕件数は15件（逮捕率＝100人あたり30件）

ついて架空のデータを示している。これは、想像上の白人の若者100人と黒人の若者100人を比較したものだ。たとえば、白人の若者のうち10人（100人あたり10人の率）、黒人の若者のうち17人（100人あたり17人の率）が非行で逮捕されている。しかし、各人種を中産階級と下層階級に分けて、中産階級の白人、中産階級の黒人等々の逮捕率を計算するとしよう。表5では、白人の若者100人のうち80人が中産階級（逮捕件数は4――100人あたり5件の率〔逮捕件数4／中産階級の白人の若者の数80〕）、20人が下層階級（逮捕件数は6――100人あたり30件の率）だが、黒人の若者100人は2つの階級に半々に分かれ、50人が中産階級（逮捕件数は2――100人あたり4件の率）、50人が下層階級（逮捕件数は15――100人あたり30件の率）である。この例から、一見劇的に見える人種間の非行逮捕率の違いも、階級を考慮に入れれば消え去るかもしれないことが明らかになる。黒人より白人のほうが中産階級の割合がずっと大きく、下層階級よ

り中産階級のほうが逮捕率がずっと低ければ、どちらの人種も中産階級の逮捕率は等しく低く、下層階級の逮捕率は等しく高いのかもしれない。（表5の数字は架空のもので、第三の変数——この場合、社会階級——を考慮に入れることが重要でありうるという原則を説明するための例にすぎない。）

架空の例を考えつくのはたやすいが、このような分析を実践するのはむずかしい。必要な情報は入手できないのが普通だ（たとえば、警察は普通、逮捕者の階級を報告しない）。そのうえ、このような比較は、とくに二つ以上の変数を考慮するとき（階級に加えて年齢、性別その他の変数を考慮するとしよう）、高度な統計的手法を必要とする。しかし、この例の要点は重要だ。二つの集団の違い（たとえば黒人と白人の逮捕率の違い）を発見したとき、集団（人種）間の明らかな違いが他の違い（たとえば逮捕率）の**原因となっている**と考えやすい。だが、実は他の何か、他の何らかの変数（たとえば階級）が違いの原因である可能性が常にあるのだ。（これは哲学上の重要な問題である。二つの変数の間に関係があるように見えるが、実はその原因が第三の変数にあるとき、この関係を「**疑似相関**」という。）二つの集団が異なっていると言われたら、それをただ受け入れるのではなく、せめて、他の何か、他の何らかの変数がその違いなるものの原因ではないかと自問すべきだ。

集団の比較は、まさに単純に見えるがゆえに油断できないことがあるのだ。集団を比較する主張は批判的に吟味すべきである。その集団どうしは本当に比較できるのか。比較をおこなうのに用いられている統計に影響する違い（たとえば大きさの違い）がないだろうか。何か他の言及されていない変数で、集団の違いに影響するかもしれないものがあるのだろうか。これらは、集団をくらべるときに常に検討すべき基本的な問いだ。

社会問題の比較

四種類めの比較は、異なる社会問題を対比するものだ。新たな社会問題に関心を集めるキャンペーンは、きまって、私たちは重要だと見なすべき何かを無視してきた、他の問題に注意を払いすぎてきたと主張する。この意味で、社会問題に関する主張は競合しあう。論者は、私たちがある問題を心配すれば、それだけ別の問題を心配しないことになるだろうと考え、自分たちが懸念する問題に私たちの関心を引き止めておこうと励む。

場合によっては、論者は社会問題をくらべるのを拒むこともある。社会的害悪の程度を測る絶対的尺度を定めることによって、私たちの関心を高めようとする（「人命に値段などつけられない！」「犠牲者は1人でも多すぎる！」）。しかし、どんな社会的状態も危険と無縁ではない。米国では年間、およそ4万人が自動車事故で死ぬ。殺人事件で死ぬ数の2倍、飛行機事故で死ぬ数のおよそ20倍だ。それでも、私たちは交通事故の危険を当たり前のこととして受け入れ、この程度の危険を受け入れている。（一九七〇年代に全国的な制限速度が時速55マイルに引き下げられると、交通事故死者数は減った。制限速度が時速45マイルや35マイルに引き下げられていたら、さらに減っていたろう。しかし、誰も制限速度をそんなに低くすべきだとは主張しなかった。米国社会は、ほどよい速度で移動できる便利さと引換えに、ある程度の死者数を受け入れることをいとわないのだ。そして、議会は一九九〇年代に制限速度を引き上げたとき、その結果、死者が増えるだろうと認めていた。）その一方、新しい科学技術――送電線やコンピューター端末や食品添加物――のリスクについて警告する人々がこうした脅威の被害者数について掲げる推定値は普通、交通事故死者数よりはるかに小さい。にもかかわらず、私たちは、（比較的高い）交通事故死の危険を受け入れながら、科学技術のリスクを心配する。

一部の人たちがシートベルトを締めるのを嫌がるのも、同様の論理に基づいている。「衝突事故を起こしたとき、車の外に放り出されれば生き残れるのに、シートベルトを締めているせいで車内で身動きがとれず、死んでしまうこともある」。時折そういうことが起こるのは間違いない。シートベルトをしていなかったら生きていたかもしれない状況で、シートベルトをしていたために死ぬ人もいる。だが、シートベルトをしていたら助かったかもしれない状況で、シートベルトをしていなかったために死ぬ人ははるかに多い。要するに、何かが起こるかもしれない、少しはリスクがあると論じるだけでは、不十分なのだ。ところが、論者がある問題を他の問題と切り離して主張を提示することがあまりにも多い。つまり、「この問題は他の問題より大きい」と言わないで、「これは大きな問題だ」と言うのだ。新たな社会問題についての主張は、他の問題と比較したうえで相対的なリスクを論じるべきである。

私たちは一般に、ある脅威が深刻であればあるほどそれについて心配する。私たちは、自動車の盗難より殺人について心配する。これは、殺人のほうがよく起こるからではない。実際、まったくそんなことはない。殺人事件1件につき、70台近い車が盗まれている(一九九五年にFBIは、殺人2万1600件と自動車の盗難147万2700件を報告している[11])。しかし、殺人は自動車の盗難よりずっと深刻な犯罪なので、私たちの恐怖と懸念の的になる。

ここで問題が持ち上がる。どの問題が最も深刻な──少なくとも、比較的深刻な──脅威なのか、どうしたらわかるのだろうか。社会問題に関する主張の間には競合があるので、ある社会問題を宣伝する人は、その問題をとりわけ深刻で、とくに注目し懸念するに値するものとして描くのが有益だと気づく。メディアは深刻に思える問題を報道する可能性のほうが大きいし、当局は普通、深刻な脅威に高い優先順位を与える。

このように新たな社会問題を大きな脅威として定義しようと努力がおこなわれるとき、統計がしばしば役割を演じる。そのための手段は――すでに見たものを含め――いくつかある。大きな数字（多くの人が影響を受けるという見積もりは、問題が深刻であると示唆する）、急激な増加（問題が急速に拡がっていることを示す異なる時点の比較は、状況が切迫していると思わせる）、地理的な比較と集団間の比較（ある問題がここでは他のところよりひどい〔あるいは、この集団では他の集団よりひどい〕）という証拠は、その問題がこれほどひどいのは仕方のないことではない――何とかできるはずだ――と示唆する。

社会問題を比較するときに持ち上がる問題は、お馴染みのリンゴとオレンジのジレンマだ。何に注目すべきか。金銭的コストか、失われる人命か、影響を受ける人々の数か、脅威の性格か。脅威どうしをどう比較したらよいのか。幼児の命をおびやかす病気は、老人をおびやかす病気より深刻なのか。生命をおびやかす問題は常に、生命をおびやかしはしないが生活の質を引き下げるなり金銭的コストをもたらすなりする問題より重要なのか。（ほんのわずかな人命しかおびやかされないが、問題の解決に莫大な額の金がかかる場合はどうか。）社会問題の比較は厄介なことがあり、そのためにおかしい統計が生まれやすい。

たとえば、社会問題を比較するとき、さまざまな社会問題の金銭的コストを見積もってみたくなる。ある社会問題のコストが年に何百（あるいは何十億）ドルにも上ると論者が主張することがある。そのような数字は比較できるように思えるかもしれない。すべてのコストがドルで表されていれば、問題Aは問題Bよりコストがこれだけ大きいといったことがわかるはずだ。しかし、このようなコストをどうしたら計算できるのだろうか。国立アルコール乱用・依存症研究所（NIAAA）はアルコール依存症による社会的コストを年間数十億ドルと見積もる。NIAAAは、さまざまなコストを足し合わせる込み入った公式によってこうした数字を算出する。そのさまざまなコストとは、アルコール依存症治療プログラム、アルコール依存症が原因で生じるさまざまな病気の治療にかかるコストの一部、生産性の低下により失われた収入（これ一つで、総コストの半分以上を占める）、アルコール依存症がもとで起こる犯罪のコストなど。これらさまざまなコストの一つひとつを、特殊な公式を用いて推定しなければならず、それぞれの公式がさまざまな仮定と推定に基づいている（たとえば、それぞれの病気や犯罪のうち、アルコール依存症を原因とするものはどれだけの割合を占めるのか、こうした病気を治療したり、こうした犯罪に対処したりするコストはどれくらいに上るのか）。したがって、N

ＩＡＡＡが示している最終的なコストの数字を出すには、何十もの仮定が必要で、それぞれが議論の的になりかねない。ＮＩＡＡＡが示しているコストの数字を分析しようとしたある試みでは、ＮＩＡＡＡの公式は「コストを過大評価する方向に偏っている」[12]という結論が下された。これは意外ではない。アルコール問題への対処を使命とする政府機関たるNIAAAは、アルコール問題は重大な問題であり、したがってＮＩＡＡＡは重要な機関であると、議会、メディア、一般市民に納得させることが利益につながる。このように社会問題のコストについての主張は評価しにくい（公式を分析し、その要素を一つひとつ批判的に検討するのは、時間がかかるし、ほとんど常に特殊な知識を必要とする）。しかし少なくとも、このような数字は不正確であり、論者の仮定や偏りに左右される余地があると認識すべきだ。

同じく問題の重要性を強調する、欠陥のある方法に、問題が比較的集中している狭く定義された集団に焦点を合わせるというものがある。ティーンエイジャーの自殺についての学術論文から拾ったこんな主張を考えてみよう。「自殺は青年期の人の第二の死因である」[13]。この主張についてどう評価を下すべきかは見極めにくい。用いている言葉を定義していないからだ。青年期とは何だろう。他の死因のカテゴリーは何だろう。* だが、この統計の重要な特徴の一つは、青年期の人のことしか問題にしていないことだ。青年期の人は成人より死亡率がずっと低い。

人々の死因の大半を占める心臓病、ガン、卒中その他の病気で死ぬ青年期の人は少ないからだ。幼児と成人——とくに老人——は致命的な病気にかかる恐れが青年よりはるかに大きく、これが死亡率を左右する。言い換えれば、1年間に死ぬ青年期の人の数は少ないので、青年期の人の死亡のなかで大きな割合を占めるにはそれほど大きな死者数は要らないのだ。(同様に、20代の男性の死亡のなかでエイズによる死が大きな割合を占めるという警告について評価を下すときも、他の死因で死ぬ男性がこの年齢層では比較的少ないことを思い起こすのが大切だ。)つまり、他の死因で死ぬことがまれな年齢層は、何か命にかかわる脅威の重大さを強調するのにうってつけの集団なのである。

*この統計は死因の分類に大きく依存している。一九九一年には、15歳から19歳の人1万5313人が死んでいる。このうち、6935人(45%)が事故、3365人(22%)が殺人、2964人(19%)がさまざまな病気で死亡しており、自殺者は1899人(12%)にすぎない。(*Vital Statistics of the United States, 1991. Vol. II – Mortality, Part A* [Washington, D.C., 1996], Table1-27, pp. 132-71)。自殺が第二の死因だと主張するには、それ以外のカテゴリーをさらに細かく分ける必要がある(たとえば、事故や病気を死因のカテゴリーとして立てるのではなく、いろいろな種類の事故や病気をそれぞれ別個の死因として扱うのである)。だが、他の死因をひとまとめにして一個のカテゴリーに入れてもいいのだ。

社会問題をランクづけする試みや、社会問題のコストを計算する試みにありがちな欠陥は、基本的な教訓を思い出させてくれる。特定の問題を宣伝する論者は、競い合って社会の関心を引こうとする。大半の論者はその問題に献身しており、その問題は重要であり、その問題の解決は優先課題の一つであるべきだと信じている。そして、自分の立場を正当化する統計、望みどおりに動いてくれるよう他の人を説得できる証拠を探す。しかし、ある問題への関心を高めようとするキャンペーンのせいで、私たちは他の問題――もっと馴染み深く、もっと大きな脅威となりかねない問題――を見失ってしまう恐れがある。だから、社会問題を比較するのは有益だ。リンゴとリンゴをくらべるよう気をつけるかぎり。

比較の論理

さまざまな理由で、現代社会は一度に一つの社会問題だけに焦点を合わせがちだ。おおかたの活動家は特定の問題に関心を集めようと運動する。メディアは話題を一つずつ報道したがる。研究者にとっては限定された主題を研究するほうが楽だ。その結果、私たちは社会的背景に目を向けずに個々の社会問題について考えがちである。たいていの社会問題に関する統計はこの傾向を反映している。単独の数字（「これは大きな数だ！」）が問題の大きさを示すのに用いられる。表立った比較はない。比較はまったく暗黙のうちにおこなわれている。大きな数があれば、大きな問題があるにちがいないというわけだ。

統計的比較からは、もう少し多くのことがわかる。少なくとも二つの数字があれば、パターンが明らかになるかもしれない。状況が悪くなっている。あるいは、ある場所より別の場所のほうが状況が悪い。あるいは、この集団はあの集団より状況が悪い。あるいは、この問題はあの問題より重要だ、などなど。しかし、比較は比較可能性に依存する。数字がすべて同じ定義と同じ計測方法を反映している――どれもリンゴである――のでなければ、比較は人を欺くものになりかねない。数字が比較可能でなければ、比較によって明らかになるように思われるパターンは、社会問題の性格よりも数字の性格を物語っているかもしれないのだ。

5　スタット・ウォーズ――社会統計をめぐる紛争

一九八〇年代はじめ、子供の行方不明が大きな社会問題となった。牛乳パックに行方不明になった子供の顔写真が印刷されたり、そうした子供たちの話がテレビの特集番組で取り上げられたりした。論者たちは、子供が殺害されるとか姿を消すとかした恐ろしい例と、不安をかきたてる統計を組み合わせた。年に5万人の子供が見知らぬ他人にさらわれていると、論者たちは主張した。一九八五年に、「デンヴァー・ポスト」紙の記者たちが、運動が掲げる統計は事実を誇張したものだと指摘して、ピューリッツァー賞を受賞した。ＦＢＩが年に捜査する児童誘拐事件の件数がおよそ70件だという統計と、5万という推定値の間にある「数字のギャップ」

を発見したのだ。これを受けて、ある活動家が議会で証言した。「世間がこんなに数にこだわるなんて、これほど驚いたことはありません。〔…〕『67人か68人だけ、あるいは69人だけ』〔…〕『だけ』とはどういうことでしょう」。大きな数を宣伝してきた運動が今度は、正確な数字はもっと小さいとしてもそれは重要ではないと言いだしたのだ。(1)

残念ながら、おかしい統計が、誰からも疑問を呈されず、欠陥を指摘されないがゆえに生きつづけることが多すぎる。どんな数字も——どんなに信じがたい数字も(たとえば、見知らぬ他人による誘拐が5万件だという統計も)——異論を突きつけられなければ、生き延びかねない。私たちは、統計について評価を下すうえで重要な問題をすでに確認している。その数字はどのように算出されたのか。適切に使われているか。適切な比較がおこなわれているか。こうした問題はそれほどわかりにくくはないが、ほとんどどんな統計に出会っても恐れをなしてしまう人が多いようだ。当然発すべき問いを発しないで、沈黙を守りがちなのである。その結果、おかしい統計が独り歩きしかねない。そうなると、おかしい統計は生き残り、それどころか、はびこってしまう。

しかし、常にそうであるわけではない。見知らぬ他人に誘拐される子供の数のように、統計が数字とその解釈をめぐる論争につながることもある。私たちはこう言われる。家におかれている銃が自衛のために使われることはめったにない――いや、よくある。家族を殺すのに使われることが多い――いや、まれにしかない。環境保護論者の科学者は、原子力発電所によって汚染された水が原因でガンになって死ぬ人が数多く出ると推定する。電力業界に雇われた科学者は、それが原因で死ぬ人はめったにいないと主張する。このような**スタット・ウォーズ**、つまり統計戦争にも私たちはたじろいでしまう。一つの数字について評価を下すことすらむずかしいのに、食い違い競合する統計の相対的な価値をどう判断すればいいのか。

スタット・ウォーズが起こるということは、ある統計に異論を唱えるほどそれに関心をもっている人がいるということだ。普通、こうした論争は論敵どうしの競合する利害を反映している。第1章で、政治的、社会的論争で統計が武器となりうることを見た。社会について何かを主張する人たちには目標がある。自分はある問題を発見した、そして、その問題は深刻で注目に値する、さらに、自分は問題の原因を理解しており、解決するすべを知っていると他の人を納得させたいと望む。他の人をうまく納得させる主張をした人が利益を得る。その利益には、新法を通すとか、新しいプログラムに予算がつくようにするなどして、社会政策に影響を与えることも含まれるが、それだけではない。人をうまく納得させる主張をした人は、影響力、権力、地位、さらには金を手に入れる。より重要な人物になる。したがって、論者は普通、自分の主張が成功すれば利益を得る。自分の運動に心から献身しているとしても、自分の主張に人が納得すれば個人的に得をする立場にもあるのだ。

人々は、自分の理想と個人的利益を追求する他に、自分の属する集団の利益を増進する主張も提示する。タバコ業界は何十年にもわたって、喫煙が病気を引き起こすという説得力のある証拠などないと主張しつづけた。明らかに、そうした主張はタバコ業界の経済的利害を反映していた。タバコが無害なら、タバコ業界はタバコを売って利益を得つづけていいはずだ。タバコが無害なら、タバコ業界が、その生産活動ひいては利益を制限しようとする運動すべてに抵抗するのは正当だ。タバコが無害なら、タバコ業界は喫煙者が被る害に責任を負っていると見なされるべきではないというわけだ。この例はとくにわかりやすいが、個人や集団の主張は、その個人や集団の隠れた利害を反映していることが多い。

論者は利害の競合する他者と争っている。共和党と民主党は政治的な競争で対立する。リベラル派と保守派は政策の方向をめぐって衝突する。企業は互いに市場を支配しようと競争する、などなど。活動家も自分たちの社会運動の戦術と優先課題をめぐって論争する。アウトサイダーはインサイダーになろうと奮闘し、インサイダーはアウトサイダーをなかに入れまいとする。持たざる者は自分の取り分をほしがり、持てる者はさらにもっとほしがる。こうした競合する利害から競合する主張が生まれ、競合する主張はしばしば競合する統計につながる。

人々は自分の利益を増進する統計を宣伝するものと考えるべきだ。そういう統計を宣伝するのは必ずしも不誠実であるわけではない。たいていの人は、自分の利益は正当なものであり、自分の運動は正しいと信じている。自分の立場を裏づける証拠には何にでも飛びつき、誇りと信念をもってそれを指摘する。その証拠は統計であることが少なくない。現代社会が数字を尊重することを思い出そう。統計は確かな事実、議論の余地のない証拠のように見える。人々は自分の考え——および利益——に有利なように思われる数字を見つけると、それを受け入れる傾向がある。活動家がいかに容易に社会問題の規模についての大きな見積もりを考えだし、信じ、正当化するものかをめぐる第2章の議論を思い出そう。信じていることを裏づけるように思われる統計について批判的に考えるのは、たいていの人にとってむずかしい。私たちは論敵が掲げる統計の背後にある定義や計測方法やサンプルには疑問を差し挟むかもしれないが、自分自身の立場を正当化するように思われる数字については同じような問いをなかなか発しないものだ。私たちの数字は間違いなく確かな数字で、論敵の数字はよく言っても疑わしいというわけである。

まさに私たちの社会が統計を有力な証拠として扱うからこそ、利害の競合はしばしば統計をめぐる争い——スタット・ウォーズ——を招く。あるグループがその立場を裏づけるために統計（「これが事実だ！」）を提示すると、競争相手は自分の利益を守ってくれる数字を見つけなければならないと感じる。時として、どちらの数字がより正確かをめぐる論争はメディアに注目される。これは危険をはらんでいる。メディアが一方の側の数字を正しいものとして扱えば、そちら側の主張——および、その利益——が正しいように見える。そこにかかっている利害が大きいので、論者が論敵の数字を糾弾する一方、自分の数字を宣伝しようとし、スタット・ウォーズが深刻なものになることがある。

この章では統計をめぐる最近の論争を検討する。これらは、どの数字がより確かかをめぐる論争のように見えるが、論争の当事者は往々にして、自分は一つの統計だけでなく重要な利益や原則を擁護しているのだと考えている。スタット・ウォーズでは、特定の数字の正確さや統計データを集める最善の方法が焦点となることもあるが、それは何らかの社会問題をめぐって長くつづく論争のほんの一部にすぎないことが多い。この章で論じるケースは、いくつかのタイプのスタット・ウォーズの実例である。こうしたケースを吟味することは、こうした紛争の性格を理解するうえでも、対立する数字に直面したときどう反応したらいいかを理解するうえでも役に立つ。

特定の数字をめぐって論争する——100万人が行進したのか

一九九五年夏、ネイション・オヴ・イスラムの指導者、ルイス・ファラカンはアフリカ系米国人の男性に、十月十七日に首都ワシントンにある、モールと呼ばれる公園でおこなわれる「100万人大行進」に参加するよう呼びかけた。モールでは昔から、大規模な政治的抗議運動がおこなわれてきた。マーティン・ルーサー・キング・ジュニアは「私には夢がある」の演説を一九六三年三月にここでおこなったし、その他、これまでにベトナム戦争や妊娠中絶、女性の権利、ゲイとレズビアンの権利をめぐる抗議デモで多くの群衆がここに集まった。こうした集まりの多くが、政治的問題ばかりでなく抗議デモの参加者数をめぐっても論争を呼んだ。当然、デモ主催者は集まった人の数について大きな推定値を示した。何しろ、大勢の人が集まったとすれば、その運動が幅広い支持を得ており、またデモがうまく組織され成功したということになるのだ。一方、モールの治安維持を担当し、そこに集まった群衆の数の公式推定値を出す任務を議会から負わされていた米国公園警察は、普通、主催者側発表より著しく小さい数字を示した。(2) たとえば、一九九三年四月二十五日にワシントンでおこなわれたゲイの権利行進の主催者は、100万人以上の人がデモに参加したと見積もったが、公園警察は30万人しか参加しなかったと推定した。

どうして主催者と公園警察の見解が食い違うのかは理解しやすい。デモ主催者にとって多くの人が参加したと主張したほうが得であるだけでなく、膨大な数の群衆を前にしてその数を数える方法を知っている主催者は少ないのだ。一方、公園警察はデモの規模を推定する比較的精密な方法を考案してきた。モールの大きさはわかっているから、航空写真を使ってモールのどれだけの部分が群衆におおわれていたかを明らかにして、群衆におおわれていた面積を計算できた。そしてその面積に、ある乗数——平方ヤードあたりの推定平均人数——をかけると、群衆の数の推定値が出た。

100万人大行進は群衆の数の推定値がもつ政治的性格を浮かび上がらせた。デモの名前自体が成否の基準を定めていた。行進の日が近づくと、主催者は、群衆は100万人に達すると主張し、批判者はそこまではいかないと予測した。(公園警察によると、モールに100万人の群衆が集まったことは2度しかない。一九六五年のリンドン・ジョンソンの大統領就任式と一九七六年の建国200年祭だ。)デモの当日、主催者は目標を達成したと主張した。ファラカンは演説のなかで、その場に150万人から200万人がいると主張した。一方、公園警察は、群衆の数を40万と見積もった（公民権デモとしては新記録だ）。
主催者と公園警察の見積もりの食い違いはお馴染みのパターンどおりだったが、ファラカンは憤慨し、「連中は人種主義、白人優越主義、このルイス・ファラカンへの憎しみのせいで、われわれの成功を認めるのを拒むのだ」と非難し、公園警察を訴えることも辞さないと述べた(3)。ボストン大学の（群衆ではなく自然を写した）航空写真分析の専門家チームは、公園警察の写真を調べて独自の見積もりを出した。それは、誤差25％で87万人というものだった（つまり、群衆は100万に達したのかもしれないと認めたのである）。公園警察はさらなる情報で対抗した。その情報とは、新たな写真、公共交通機関の記録などで、その記録によると、行進当日のワシントン中心部への交通量は普段より少し多いだけだった。これを受けて、ボストン大学の研究者たちは見積もりをやや修正し、83万7000人とした(4)。

話は単純で、二つの見積もりの違いの原因は、群衆の数を算定するのに用いられた乗数の違いにあった。ボストン大学の研究者たちは、群衆は密集していて、平方メートルあたり6人いたと想定していた。これは一人あたりの面積が1・8平方フィートの状態に相当し、満員のエレベーター程度の混み具合だ。行進がつづいた数時間にわたって大勢の群衆がそんなにぴったりくっついて立っていたというのはありそうもない。一方、公園警察は、群衆の密度はその半分で、一人あたりの面積は3・6平方フィートだったと想定した。これでも聴衆の密度としてはかなり高い。講演に耳を傾ける群衆はたいてい、一人あたりの面積が5・7から8・5平方フィートという密度で散らばっている。(5)

100万人大行進がたいへん多くの群衆を集めたのははっきりしている。群衆の数が実際に100万人に届いたかどうかは問題だろうか。この場合、群衆の規模はいくつかの象徴的な問題を代表するものになってしまっていた。それは、アフリカ系米国人の間でのルイス・ファラカンの人気と影響力、公園警察の見積もりがどの程度まで人種主義その他の偏向を反映していたかといった問題だ。ファラカンは明らかに100万人という数字を擁護しなければならないと感じていたし、批判者は、デモは目標に届かなかった、ファラカンの言っていたことは大げさだったとわかったと嬉々として主張した。ボストン大学の研究者の見積もりは、公園警察の推定手続きに疑問を投げかけたが、群衆の密度について公園警察がおこなった想定のほうが現実的なようだ。だが、ほとんどつねにデモ主催者の発表を下回り、主催者を怒らせる推定値を出すのは割に合わない仕事で、ボストン大学チームの推定を伝える報道のなかには、公園警察が偏っていたかのように言うものもあった。公園警察は議会から新たな指示を受けて、もうモールでおこなわれるデモの規模について推定値を出さないと発表した。(6)

この論争の焦点は、一見単純に見える統計上の問題にあった。それは、どれだけの数の人が100万人大行進に参加したのかということだ。この問いには三つの答えが出された。ルイス・ファラカンら行進の主催者は、群衆の数は優に100万人を超えたと主張した。おそらく、多くの活動家が自分たちのデモの規模を計算するのと同じやり方で推定値を導き出したのだろう。つまり、当て推量をしたのだ。デモが大勢の群衆を集めたので、モールでおこなわれた他の大きなデモの主催者と同じく、100万人はきていたにちがいないと推測したのだ。第二の推定値はもちろん公園警察のものだ。公園警察は、すでに確立している方法を用いた。群衆の写真を撮り、群衆がおおっている面積を計算してから、乗数（3・6平方フィートあたり一人）を使って群衆の規模を推定した。第三の答えを出したボストン大学チームも同じ方法を用いたが、こちらは異なる乗数（1・8平方フィートあたり一人）を当てはめた。（当然、群衆の密度についていろいろな推定値を用いる――つまり乗数を変える――ことで、群衆の規模についてどんな見積もりも出せる。）問題は実に単純である。群衆のなかにいた人たちはどのくらい詰めて立っていたのか。注目すべきことに、報道機関は群衆の規模をめぐる論争に興味をもったが、記者は概してただ相対立する数字を伝えただけだった。おおかたの記者はそれぞれの数字がどのように導き出されたのかを理解する努力などしなかった。どの想定がいちばん本当らしいかを評価しようとしなかったのは言うまでもない。報道機関は見積もりをした人たちの動機に焦点を合わせた。公園警察は偏っていたのだろうか、と。

100万人大行進は大切な教訓をいくつか与えてくれる。まず、統計に関する論争の基礎――専門的な細部はともかく、おおよそのところ――を理解することができる場合はしばしばある。第二に、メディアはこのような理解を深めるのに大して役に立たないことが多い。報道は、異なるグループが異なる数字にどうやってたどりついたのかを説明しないし、ましてそれぞれのやり方について評価を下したりしない。メディアの報道は、一方のグループがXという数字を挙げ、もう一方がそれに対してYという数字を挙げていると伝えるだけにとどまることが多い。これでは、読者や視聴者がこうした異なる見積もりを解釈するうえであまり助けにならない。

100万人大行進をめぐる論争にかかっていた利害はおおむね象徴的なものだった。ファラカンは100万人集めると宣言していたので（そして、それを成し遂げたと主張したので）一部のコメンテーターは、行進の参加者の人数をファラカンの影響力と信頼性の尺度にしてしまった。だが、実際に100万人集まったかどうかにかかわらず、100万人大行進は堂々たるデモだったし、参加者の数の問題はすぐに忘れ去られてしまった。しかし、統計をめぐる論争で、これより複雑で長くつづいたものもある。

データ収集をめぐって論争する――国勢調査はどのように人口を数えるか

100万人大行進の参加者数を測る仕事は、群衆が集まった日のうちに完了しなければならなかった。比較的短時間ですみ、安上がりで、限定された作業だった。これと対照的な例として、米国の国勢調査に必要な途方もなく込み入った準備を考えてみよう。米国国勢調査局には莫大な予算がある。統計の専門家や社会学者、国勢調査票を収集、処理する何千もの人々を雇い、国勢調査をおこなうのに必要な資材（調査票だけでなく、コンピューター、精密な地図）をそろえるための資金だ。国勢調査は一七九〇年以来10年ごとに、米国に住む人一人ひとりについて所在地を特定し、基本的な情報を記録しようとしてきた。この仕事の規模と複雑さは――二〇〇〇年の国勢調査が間近に迫る頃、米国の人口は3億人になろうとしていた――驚くべきものだ。しかし、国勢調査の準備に並外れた努力が注ぎ込まれても、やはりその結果は論争を招いてしまう。

国勢調査局の莫大な予算と国勢調査に責任を負う人々のプロとしての不屈の意志にもかかわ

らず、誤りは避けられない。(7) 何しろ、何億もの人々が数えてもらおうとじっとしているわけではないし、混乱は避けられない。同じ人を何度も数えてしまうこともある。たとえば、キャンパスに住んでいる大学生はそこで数えられるはずだが、学生の親も子供を自分たちの家の住人として挙げてしまったりする。だが、それ以上に、数えおとされてしまうことが多く、全体として国勢調査は人口を実際より少なく数えてしまう。

場合によっては、ある人に連絡がつかないため、あるいは、ある場所に人が住んでいると調査員が気づかないために、数えおとしが起こる。しかし、政府に協力したくないか、政府に注目されたくないために国勢調査で数えられるのを故意に避ける人のほうがずっと多い。政治的な主義にしたがって、協力を拒む人もいるかもしれない。逮捕状や裁判所命令から逃げているのかもしれない。強制送還を恐れる不法移民かもしれない。福祉に関する規制を破って、密かに福祉受給者と同居して(その人を養って)いるのかもしれない。他の政府当局者(たとえば、警察、移民や福祉の担当者)は国勢調査記録を見ることを禁じられているが、国勢調査に答えると困ったことになるかもしれないと疑い、それなら数えてもらわないほうがましだと考える人が数多くいる。その結果生じる数えおとしはランダムなものではない。一般に、数えおとされる人は都市部の貧しい男性である。ということは、そのなかに非白人が占める割合は、人口全体に占める割合より大きいということだ。

国勢調査の数えおとしは問題だ。その数字はいろいろ利用されるからだ。20世紀の後半、連邦政府は主要な資源を配分するのに国勢調査の数字を利用するようになった。どの選挙区も人口がおよそ等しくなければならないと最高裁判所が定めたことが最も重要かもしれない。人口の数字はもちろん国勢調査によって得られる。だから、国勢調査で記録されない市民がかなりの数に上る大都市は連邦議会や州議会の選挙で一票の価値が小さくなりかねない。そのうえ、さまざまな「留保」プログラムのための連邦予算——ハイウェー建設、多くの社会福祉事業などのための予算——が人口に応じて各州に配分されている。かりに各州に一人あたり1ドル配分するプログラムがあるとしよう。各州が受け取る額は、数えおとされている人が一人いれば、本来受け取るべき額より1ドル少なくなる。数えおとしを心配する人は他にもいる。雇用差別を測ろうとする公民権活動家は、あるマイノリティー集団に属する人がある産業の労働者に占める割合が、人口に占める割合より低いと論じるかもしれない。しかし、マイノリティー集団に属する人が国勢調査で実際より少なく数えられていれば、そのマイノリティーが人口に占める割合とその産業の労働者に占める割合との実際のギャップは、その活動家の計算以上であることになる。

国勢調査ではおそらくすべての集団が実際より少なく数えられているだろうが、なかでもとくに少なく数えられている集団があることに注意しよう。そのために得をする集団と損をする集団がある。数えおとしが比較的少ない集団は得をする。一票の価値が大きくなるし、連邦政府から多くの予算をもらえる。したがって、こうした集団は、現行の国勢調査の方法を維持するほうが得である。一方、数えおとしが比較的多い集団は損をしているので、数えおとしを正そうとしたほうが利益になる。

数えおとされる人はどのくらいいるのだろうか。もちろん、この暗数が正確にどれだけに上るのか、誰も知らない（国勢調査で数えられていない人をすべて数えることができたら、国勢調査の結果にその数を足すだけで問題は解決する）。しかし、いちばん確かな推計によれば、一九九〇年の国勢調査で人口の２％が数えおとされたという。一見、これは比較的小さな割合に見えるかもしれないが、大きな人口のほんの一部は、ほんの一部といってもかなり大きな数である。一九九〇年の人口は２億４８００万人だった。ということは、数えもれはおよそ５００万人に上るということだ。しかも、２％は正味の数えもれである（つまり、数えおとしの推定値から数えすぎの推定値を差し引いたものだ）。研究によれば、国勢調査は大多数の人を正確に数えているようだ。最も確かな推計によると、90％はきちんと数えられているが、数えすぎの点でも数えおとしの点でも何百万人かの誤差が残るという。

しかも、数えおとしは人口全体にランダムに分布しているわけではない。いちばん確かな見積もりによれば、正味の数えもれは非黒人で1・5％ほど、黒人で5％ほどである（他の少数民族にもかなりの数えおとしがある）。これは、たとえば、マイノリティー人口の多い都市や州の規模が国勢調査で過小評価されているということだ。

国勢調査は数えおとしの推定値を反映するよう修正されるべきだと批判者は論じる。そして、修正は事後数え上げ調査（PES）をもとにおこなうべきだと言う。これは、サンプルとして選ばれた多数の世帯に対して特殊な訓練を受けた調査員が面接をおこなうというものだ。人々が記入して郵送することになっている国勢調査票より、PES面接のほうが正確なデータをもたらす。PES面接で集めたデータと、同じ世帯が記入した国勢調査票の違いを計算すれば、数えおとしを推定するための根拠が得られる。（現に、国勢調査局はすでにPES面接をおこなっている。それによって、数えおとしを推定しているのだ。PES面接は、一九九〇年に数えおとしが2％だったという推計の主要な根拠になっている。それでも、PESの結果は最終的な国勢調査の数字を修正するのに用いられてはいない。）

国勢調査は完璧ではなく、人口を実際より少なめに数え、アフリカ系米国人その他の少数民族が比較的多く数えおとされているという点ではかなり幅広い意見の一致がある。問題は、政府はどう対応すべきかだ。人口統計学者の間では（国勢調査局の専門家の多くを含め）、最終的な国勢調査の数字を修正（PES分析によって導き出せる最も確かな推計を反映するよう変更）し、もっと正確な最終的数字を出すべきだとの声が強まっている。こうした修正をおこなうと、総人口ばかりでなく、個々の州、都市などの人口も変わることを理解するのが大切だ。国勢調査の数字を修正すると、たとえば、マイノリティー人口が多い都市の人口は国勢調査の結果より目立って多くなるが、白人中産階級が大半を占める郊外の人口は国勢調査の結果に対する上積みが比較的少ない。このように修正した数字のほうが、どうしても欠陥がつきまとう通常の国勢調査の数え上げより正確だと人口統計学者は主張する。

国勢調査が、たんに人口について正確なデータを集めるために政府にできる最善の努力にすぎないのなら、修正論は幅広く受け入れられるかもしれない。（世論調査研究者は、より正確な推計を出すために、サンプルの少ない集団を代表する回答者の考えにはそれだけ加重値をつけて世論調査の結果を計算しなおすことが多い。）しかし、国勢調査は強力な政治的シンボルである。連邦政府は10年ごとにすべての米国人を数えようとし、誰もがこの努力に協力することになっている。国勢調査は多数の個人の回答を集めたものだということになっている。私たちは、国勢調査をたんなる見積もりや計算に基づく推測だとは考えない。少なくとも一般の人々の想像では、国勢調査の数字は実際の数である。その不正確さは広く理解されてはいない。国勢調査の結果を修正することへの反対論の一つは、国勢調査の結果は事実だと考えている人が多いのだから、その数字を修正すると真実に手を加えているように見える、というものだ。

また、国勢調査の結果を変えると重大な影響があることを心にとめておくべきだ。たとえば、修正された一九九〇年の国勢調査の結果が、小選挙区である連邦下院議員選挙区の配分に用いられていれば、連邦議会の議席が二つ移っていたことになる（ペンシルヴェニアとウィスコンシンはそれぞれ議席を一つ失い、アリゾナとカリフォルニアはそれぞれ議席を一つ得ていたはずだ）。さらに、あらゆるプログラムへの連邦予算が変わり、ある州は得をし、ある州は損をしていただろう。国勢調査を計算する根拠を選ぶのは、単なる抽象的な問題ではない。現実に政治的な影響を及ぼすのだ（各州への選挙区や連邦予算の配分といった政策に国勢調査が使われるかぎり）。

ここ数十年、大都市の市長など、自分たちは実際より少なく数えられている集団を代表していると考える政治指導者が、国勢調査の結果を修正すべきだとの声を上げてきた。貧しい非白人は実際より少なく数えられる可能性が最も大きく、また民主党に投票する傾向があるので、国勢調査の結果の修正を支持する政治家には民主党の人が多い。こうした政治家は、数えおとしは深刻な結果をもたらすと主張する傾向がある。たとえば、自分たちの都市や選挙区は何百万ドルもの連邦予算を失っているというのだ。一方、共和党の人たちは概して国勢調査の結果をそのまま公式の数字としつづけることを支持してきた（そして、数えおとしの影響はそれほど深刻ではないと主張してきた）。どちら側も、自分たちの利益にかなうほうの数字が用いられるよう、さまざまな法廷で訴訟を起こしてきた。

国勢調査局が採用する方法をめぐる論争はどうしても専門的なものになってしまい、たいていの市民は、国勢調査局がどんな方法を用いているのか、他にどんな方法があるのか、さまざまな方法はそれぞれどんな限界があるのかを実のところ理解していない。国勢調査の修正を支持する人々は、そうすればもっと正確な数字が出ると主張する。すべてではないが、おおかたの社会科学者は修正を支持する。世論調査の結果にウエートをつける必要をよく知っているからだ。一方、国勢調査の修正に反対する人たちは、修正はけっして完全ではないと警告し、ただでさえ不完全な数字に不完全な修正を加えることに意味があるのかという疑問を投げかける。この問題に関して法廷は互いに異なる判決を下しているが、一九九九年に米国最高裁判所は、議会の議席配分を目的に二〇〇〇年の国勢調査を修正してはならないとの判断を示した。二〇一〇年の国勢調査に向けて計画の立案がはじまるなかで、論争が再燃するのは疑いない。結果に利害がかかっていることを考えれば、国勢調査で人口をどう数えるかをめぐるスタット・ウォーはこれからもつづくにちがいない。

統計と争点

100万人大行進の参加者数をめぐる束の間の議論にしても、国勢調査を修正すべきかどうかをめぐって長くつづいている論争にしても、焦点がはっきりしている。争点になっているのは、比較的単純な問題だ。かたや一個の数、かたや計測方法をめぐる問題である。これに対して、解決を見ないまま何年あるいは何十年もつづく多面的な論争が絡むスタット・ウォーズもたくさんある。このような争いでは、何らかの重大な社会問題に関係する異なる統計をめぐって多数のこぜりあいが見られる。

論者はしばしば、何らかの社会問題について社会的コンセンサスを生みだし、それまで見過ごされていた状態に世間の注意を引き、関心を高め、問題に対処するための新たな政策を促進したいと考えている。しかし、ある種の社会問題をめぐる論争は、問題は何なのか、また、それについて何をすべきなのかをめぐり意見の相違があるため、けっしてコンセンサスにいたらない。妊娠中絶は、生まれていない子供が殺されるから社会問題なのか。それとも、妊娠中絶手術を受けるのがむずかしい現状が、社会が女性の機会を制限している一例だというのが問題なのか。非合法の薬物使用にかかわる問題は、そうした薬物を合法化することで解決すべきなのか、それとも、法律やその執行をいっそう厳しくすることこそが答えなのか。武器をもつ権利は保護すべきか、制限すべきか。

100万人大行進の参加者数をめぐる論争で統計が中心的な争点となったのとは対照的に、社会問題をめぐるこうしたもっと込み入った争いは、根本のところに価値をめぐる意見の対立がある。たとえば、妊娠中絶論争ではしばしば権利という言葉で主張が述べられる。〈胎児の、社会によって保護される権利〉対〈妊娠した女性の妊娠中絶を選ぶ権利〉という具合に。一方の権利がもう一方よりまさるとある人が判断したとすれば、それは社会的価値についてのある解釈に基づいている。米国人は自由と平等などさまざまなことに価値をおく。私たちは、自分たちのさまざまな価値は補いあうもので、完全に調和しあうと想像したがるが、これはフィクションである。完璧に自由な社会は格別平等主義的な社会ではありそうにないし、完璧に平等主義的な社会は格別自由な社会ではありそうにない。論争を呼ぶ問題は、まさにそのケースでどの価値がより重要なのかについて、人によって判断が異なるからこそ論争を呼ぶのだ。胎児を保護することは女性が妊娠中絶を選ぶ自由より大切なのか。個人が武器をもつ権利は、社会が暴力を抑える必要よりまさるのか。

論争を呼ぶ問題をめぐって論者が対立する。どちらの側にも社会運動組織に属する活動家がついている（「生まれる権利全国委員会」対「全国妊娠中絶および生殖に関する権利行動連盟」）。また、どちらの側も普通、権威のある者——医療専門家、宗教指導者、法学者、社会科学者、メディアのコメンテーター——を動員できる。争点によっては、どちらの側も特定のイデオロギー的傾向（リベラル派対保守派）ないし政党（共和党対民主党）とつながっていたりする。私たちはよく、こうした論争が二つの陣営の争いであるような言い方をするが、現実はもっと複雑で、さまざまな論者が異なるイデオロギーや利害に基づいたさまざまな立場から意見を述べることが多い。何らかの社会問題について幅広いコンセンサスがある場合と違って、論争を呼ぶ問題では、利害の競合する集団が、たがいに対立する主張を展開する。

こうした論争で統計は普通、主張を裏づける役割を果たす。妊娠中絶をめぐる論争は中心に価値の衝突があるので、どんな統計を持ち出しても問題は解決しない。妊娠中絶論争に統計が登場するのは、普通、論者が自分の立場に幅広い支持があることを示すために統計を用いるときだ（「世論調査によれば、大半の米国人は私たちと同じ価値観をもち、私たちに同意している」）。（第2章で、質問の言い回しを選べば、妊娠中絶論争と銃規制論争のどちら側の論者も、自分の立場を支持するように思われる世論調査を挙げられる、と指摘したのを思い出してほしい。）そのうえ、幅広い争点をめぐる長期にわたる論争は、問題全体にかかわる特定の統計をめぐる多くの争いを招きかねない。

平等の問題を考えよう。米国人は平等を価値として支持するが、人種、性、階級の間にはこれまで目に見える重大な不平等があったし、今なおある。米国史は、長くつづく市民権運動、女性運動、労働運動など、特定の人々が完全な平等から締め出されていると主張する人々の運動に彩られている。一般に、こうした（普通リベラルな）論者は、どんな進歩が成し遂げられたにせよ深刻な不平等が残っており、平等を促進するために社会政策をさらに大きく変えるべきだ（たとえば、最低賃金を引き上げる、さらに厳しい反差別政策を打ち出すなど）と主張する。これに対して、（普通、保守的な）反対者は、すでに平等に向かって相当な社会的進歩が成し遂げられていると主張する（その裏の意味は、これ以上社会政策を大きく変えることは必要ないばかりか、人々の自由を不必要に制約して害をもたらしかねないというものだ）。

最近の所得分布の変化をめぐる議論は、平等をめぐるこうした論争のほんの一面にすぎない。(8)

表6　1959年から1999年の1人あたり国内総生産と平均時給

年度	1人あたり所得[a]	時給[b]
1959	$12,985	$6.69
1964	14,707	7.33
1969	17,477	7.98
1974	18,989	8.28
1979	21,635	8.17
1984	23,171	7.80
1989	26,552	7.64
1994	28,156	7.40
1999	32,439	7.86

a　1996年のドルの価値を基準に表した1人あたり国内総生産。

b　1982年のドルの価値を基準に表した農業以外の産業の平均時給。

出典：U.S. Department of Commerce, *Economic Report of the President 2000* (Washington, D.C., 2000), pp. 341, 360.

米国人は経済が繁栄を促進すると想像したがる。この見方は一人あたり個人所得（基本的に、国の総所得を人口で割ったもの）によって裏づけられる。20世紀の後半、一人あたり所得はかなり着実に伸びた［表6の一つめの縦列］。現状を弁護することに利益がかかっている人は（保守派にかぎらず、現職の政治家は一般に）、状況がよくなってきた証拠として一人あたり所得の伸びを指摘できる（「豊かさは増している！　一人あたりの収入は増えている。変化は必要ない」）。

これに対して、現状の批判者は（リベラル派であることが多いが、リベラル派にかぎらず現職に挑戦する者は）、経済がよくなっていない――それどころか悪くなっているかもしれない――ことを示す統計を引き合いに出す。たとえば、平均時給は一九七〇年代にピークを迎え、20世紀の最後の30年間に概して下がっていった［表6の二つめの縦列］。もちろん、これは困ったことに思える（「状況は悪化している！　労働一時間あたりの所得が減っている。何とかしなければ」）。

一人あたり平均所得が上がると同時に平均時給が下がるなどということがどうしてありうるのか。この食い違いは労働力の変化である程度説明できる。最も重要なのは、人口に占める労働力の割合、とくに雇用される女性の割合が高まったことだ。（収入を得る人が二人いる家庭の割合が高まるにつれ、平均世帯収入が上がった。平均して夫の所得が少し下がっても、妻が労働力に加わるとか労働時間を増やすとかして所得を増やせば埋め合わせられる。）人口に占める被雇用者の割合が高まれば、平均時給がいくらか下がっても一人あたりの所得は増えることがある。（個々人の労働時間が増えても、同じ結果をもたらす。）

現状を擁護する人は、時給は経済的繁栄の尺度として不適当だと論じる。たとえば、実質的な時間あたり給与（賃金プラスさまざまな手当ての価値）はこの数十年間に上がったと指摘する。さらに、毎年の所得はインフレ調整をし、固定ドルに換算して比較しなければならないが、現状を擁護する人は、インフレ調整に用いられる消費者物価指数がインフレーションを誇張(したがって賃金の伸びを過小評価)していると主張する。消費者物価指数を正し、諸手当ての価値を勘定に入れれば、時間あたりの給与は実際にはここ数十年間に上がったと主張できる。

このバラ色の見方に対する批判は所得の不平等に焦点を合わせる。その批判とは要するに、古くからある警句、「豊かな者はますます豊かに、貧しい者はますます貧しく」だ。現代の批判者は「やせ細っていく中産階級」について警告する。ここ数十年間に所得の不平等が拡がったという証拠はたくさんある。世帯所得を考えても個人所得を考えても(男性と女性の所得を見ても、黒人と白人の所得を見ても)、同じパターンが浮かび上がる。もともと所得が低かった人たちよりも、もともと所得が高かった人たちのほうが所得の伸び方が速い。普通、こうした計測からは、所得が最も多い人々(国民のなかで所得の最も高い5分の1の層)の所得が相当な増加を示した期間に、所得が最も少ない人々(所得の最も低い5分の1の層)の所得は実は減ったことが明らかになる。実際に、豊かな者はますます豊かに、貧しい者はますます貧しくなっているのだ。

こうした不平等の拡大を示す計測が普通、特定の個人を追跡調査したものでないことを理解するのが大切だ。つまり、たとえば年度1の人口のうち最も貧しい5分の1と10年後の最も貧しい5分の1をくらべるとき、必ずしも同じ人たちのことを語っているわけではないのである。貧しい人のなかには、上の階層に移動する人もいる。たとえ所得の最も低い5分の1の所得が年度1と年度10の間に下がっても、年度1に所得の最も低い5分の1に入っていたある人が、年度10にはもっと所得が高いカテゴリーに入っているかもしれない（極端な例として、年度1に最低賃金の仕事をしながらロースクールに通っていた人を想像しよう。年度10には同じ人が、所得の最も高い5分の1に入る高給取りの弁護士になっているかもしれない）。このように階層移動する人がいると、所得の最も低い5分の1までの層に空きができ、その一部は労働力に加わったばかりの人たちによって埋められる。一方、上の階層への移動は確かに起こるが、とうてい一般的とは言えない。多くの人――とりわけ、教育も職業技能も限られている人たち――が、所得の最も低い5分の1にとどまり、所得が下がる。上の階層に移動した人は、社会全体では不平等が拡がっているのに気づかないかもしれないが、どんどん豊かさから取り残されていく人もいるのだ。

所得分布をめぐる論争は複雑だ。政府は大量の経済データを発表し、経済学者はどれが最善の尺度であるかをめぐって意見が一致しない（消費者物価指数を計算する最も妥当な方法をめぐる論議はその一例にすぎない）。利用できる統計のなかからどれかを慎重に選べば、論者はまったく異なる立場への裏づけが得られる（「一人あたり所得が増えているのは、繁栄が拡がっていることを示している！」「いや、時給が下がっているのは、繁栄が縮小していることを示している！」）。その結果、次々と統計が繰り出され、互いに異なる立場の論者が、自分たちの数字は意味があるが論敵の数字は問題になっている事柄の尺度として不適当だと主張する。

このような混乱を整理するのはたいへんだ。一方の側の言い分だけに耳を傾けるよりも、対立する統計的主張について評価を下すほうがよいのは明らかだ。そうすれば、異なる数字の意味をできるだけ深く理解するのに役立つ。また、社会変動が統計とその意味にどう影響するかを認識するのにも役立つ。働く女性が増え、人々がもつ子供の数が減っている（この二つの変化の結果、世帯所得と一人あたり所得が上がる）、高度の技能を要する職の割合が高まっている（これは、所得の不平等の一因となる）など。悲しいかな、繁栄についてただ一つの権威ある尺度などなく、社会が変化するにつれて、さまざまな統計は経済や社会の状態の指標としてよくも悪くもなりうる。

平等のような幅広い主題をめぐる論争には無数の側面がある。ここまでの議論では所得の不平等に焦点を合わせてきたが、人種、性などの不平等に焦点を合わることにしてもよかった。この問題の根本は、平等ばかりでなく自由、正義その他の価値の本質をめぐる哲学的な論争にあり、政府などの組織がこうした価値を守り、促進する社会政策をどう立案すべきかをめぐる哲学的な論争にある。幅広く多面的な問題では、ほとんどあらゆる側面――所得の不平等、世論、刑事司法、医療の質、雇用と高等教育の機会などなど――が論議の的になりうる。そして、こうした議論の一つひとつで論者は互いに異なる見解を裏づける統計を引き合いに出すことができる。(9)

統計的証拠をめぐって見解の相違があるときは常に、さらに子細に調べて、異なる計測方法の選択、異なる定義などの要因で対立が説明できるかを見極めることができる。といっても、もちろん、これは大仕事になりかねない。スタット・ウォーズを調停するために数字の出所を調べる努力をする人は少ない。統計をめぐる見解の相違がどこで生じているのかを特定できる場合でも、それでその社会問題をめぐる論争一般が解決するわけではない。幅広い社会問題をめぐる論争は、競合する利害と異なる価値に根源があるのだ。異なる立場の論者が自分の議論を支える証拠として統計を引き合いに出す傾向があるが、統計そのものはこうした論争を解決できない。

統計の権威を主張する

それでも、私たちの社会では、容易に社会問題についての統計をつくり広めることができる。このことは重要である。私たちはしばしば数字を「事実」と同一視するからだ。数字を事実として扱えば、その数字には争う余地がないと言っていることになる。とすれば、ある社会問題に関心を抱く人々がその問題に関する統計を集め事実として提示するのは何ら驚くに当たらない。こうして、自分の見解には権威があると主張し、事実（「本当なのだ！」）が自分の立場を裏づけていると論じているのだ。

近年、自分の見解には権威があると主張するために用いられてきたやり方に、社会問題に関する統計を小さな参考図書として刊行するというのがある。こうした本はしばしば特定のイデオロギーを宣伝するなり、特定の集団の利益を促進するなりするものであるにもかかわらず、タイトルは、内容が事実であることを強調するものであることが多い。2冊の本をくらべてみよう。保守派の政治家であるウィリアム・J・ベネットは、『有力な文化的指標の指針――20世紀末の米国社会』を書き、社会科学者のマーク・ミリンゴフとマルク・ルイザ・ミリンゴフは『国の社会的健康状態――米国は元気なのか』[10]を書いた。どちらの本も、過去20年ないし30

年の社会の趨勢を明らかにするために複数の社会統計を載せている。そして、その趨勢は由々しきものだと主張している。ベネットによれば、「2世代で米国は劇的に、しかも傷を残す形で変化した。普通なら飢饉や革命、戦争といった、大変動をもたらす自然（ママ）事象を連想するような変化だ。文明はほんのいくつかの尊い支柱に支えられており、この35年ほどの間に、私たちの支柱の多くが折れてしまった」[11]。二人のミリンゴフも同様に論じる。「社会の機能の長期的趨勢はとても心強いとは言えない。改善を示す指標もある〔…〕が、多くの指標が相当悪化している。〔…〕これらは注意を要する警戒信号だ」[12]。

社会指標を追跡調査しようとすると、これまでの章で論じた多くの問題に直面する。社会の状態を定義し計測するうえでの基本的な障害もそのような問題だ。しかし、もっと大きな問題がある。政府は社会指標の統計をあまり収集、発表しないのだ。これは政府の経済統計に対する扱いと鮮やかな対照をなしている。ニュースを毎日見ていれば、嫌でも貿易収支、消費者心理、消費者物価指数、住宅建設着工件数、失業などについて定期的に（普通、月ごとに）最新の統計を聞かされる。こうした統計の多くが、数十年来収集、発表されている。一方、社会趨勢についでは同様の指標は少なく、発表される頻度は少ない（年に1回であることが多い）し、データ収集から発表までのタイムラグが長い傾向がある。[13]そのうえ、人口統計と犯罪率を例外として、はっきりした趨勢が現れるほど長い年月にわたって定期的に標準的な方法を用いて収集されてきたデータは比較的少ない。

さらに、社会統計には解釈の問題がある。データが得られても、それがおのずから何かを語ってくれるわけではない。たとえば、ベネットも二人のミリンゴフも、子供の貧困が増していると指摘する。一九七〇年から一九九六年までの間に、貧困状態で暮らしている（18歳未満の）子供のパーセンテージは14・9％から19・8％に上がった。（これに対して、貧困状態で暮らしている65歳以上の米国人のパーセンテージは同じ期間に24・6％から10・8％へと著しく下がった。つまり、一九七〇年には老人より子供のほうが、貧しい可能性が小さかったのに、一九九六年には立場は逆転していた。）この変化をどう理解したらいいのだろうか。二人のミリンゴフは、米国の子供の貧困率は他の工業国よりはるかに高いと指摘する。ただし、その他の国々は「子供の地位を改善するための課税・移転プログラムが実施される前は子供の貧困率が比較的高い(14)」とも指摘する。一方、ベネットによるデータの解釈は子供の貧困の原因は家族構成にあるとする。「貧困家庭は母子家庭のほぼ二つに一つ（一九九二年に45％）だが、父母そろった家庭では10世帯に一つに満たない」。そして「母子家庭の6歳未満の子供のうち貧困線以下の所得しかない家庭で暮らす子供の割合は60％近くで、これは、両親がそろっている家庭の6歳未満の子供のうち貧困線以下の所得しかない家庭の子供の割合（10・6％）の5倍以上である」[15]。

子供の貧困の増加をどう解釈すればいいのだろうか。政治的にも社会的にも保守派であるべネットにとって、子供の貧困は「文化的指標」であり、婚外出産、離婚、片親しかいない家庭での子育てを容認し、頽廃していく文化の産物である。つまり、文化が変化した結果、片親しかいない家族で暮らす子供が増え、ひいては貧困状態で暮らす子供が増えているというわけだ。子供の貧困の最終的解決法は、子供が確実に完全な家庭で育てられるようにする伝統的な価値と美徳に回帰することだと主張したいのだろう。これに対して、二人のミリンゴフは子供の貧困が増えている原因を明確に述べてはいないが、貧しい子供への支援を拡大する政策をはっきり支持している。だから、リベラル派の分析で強調されるような構造的不平等に子供の貧困の原因があると考えているのだ、と読者は推論できる。

この例から、事実が自ら何かを語るわけではないことが明らかになる。前の節で、所得の不平等をめぐるスタット・ウォーを使って、論争の当事者が社会問題を計測するのにどのようにそれぞれ異なるやり方を選ぶかを説明した。しかし、貧しい子供のパーセンテージの上昇に対する、たがいに競合する解釈は、ただ一つの計測方法、比較的はっきりした社会指標（貧困水準以下の世帯で暮らしている子供)、連邦機関が収集した質の高いデータに基づいている。だが、論者は同じ数字に対して異なる解釈をする。ベネットが道徳が崩壊している証拠を見いだすところに、二人のミリンゴフは子供の福祉を守る社会政策の不足を見いだす。私たちは数字を事実と考えるかもしれないが、人々が事実に意味をもたせるのであり、分析者が社会統計に与える意味は分析者のイデオロギーで決まるのだ。

さらに悪いことに、権威ある統計に裏づけられていると主張するこうした参考図書には必ずしも質の高いデータが盛り込まれているわけではない。前に述べたように、統計は簡単に広まっていく。当て推量、特異な定義、人を欺く計測方法、いい加減なサンプルに基づく数字でも広まるし、数字の意味がゆがめられて生まれた突然変異統計さえそうだ。ある誤りから――それも、ことによると紛れもない誤りから――おかしい数字が発生し、しかも、そんな数字がメディアの報道でいつまでも生き長らえたりする。参考図書は統計を――まともなものもおかしいものも含め――集め、大した批判的分析を加えもせずに引写ししてしまう。たとえば、女性行動連合(WAC)は『WAC統計――女性に関する事実』を出版した。この本は、統計を用いた主張を何百としているが、これまでの章で論じた欠陥統計をいくつか受け売りしている(たとえば、「年に15万人の米国の女性が拒食症で亡くなっている」、「ゲイやレズビアンのティーンエイジャーが自殺する可能性は異性愛のティーンエイジャーの3倍である」)[16]。それぞれの主張の出典は脚注に示されており、その範囲は驚異的だ。政府の文書からとったものもあるが、活動家が配布したビラ、パンフレット、データ表からとったものもある。そして、大半は新聞や雑誌の記事からとったもののようだ。つまり、この参考図書は、歴史家の言う一次資料ではない二次資料に頼っているのだ。たとえば、社会学者が研究をおこない、結果を学術雑誌に発表すれば、それは一次資料である。しかし、この研究の結果に触れた新聞記事は少なくとも研究から一歩離れている。これは二次資料だ。たいていの場合、新聞記事は研究結果を形づくる重要な決定(概念がどのように定義され、計測されたか、サンプルはどんなものだったかなど)についてほとんど、あるいはまったく情報を伝えない。もっと悪いことに、報道機関は往々にして、慎重に計画された調査によって得られた統計と、はるかに信頼できない数字とを区別しない。新聞の読者は記事に出てくる統計について評価を下すだけでも苦労している。参考図書が新聞記事やもっと信頼できない資料から数字を無批判に引き写し、純然たる事実として提示すれば、権威ある統計を載せていると不当に主張することになる。そして、こうした参考図書は、特定のイデオロギーや利益を支持するデータを示すためのものが多い。読者が慎重に考えるよう、互いに競合する統計的主張を載せる努力をしない。誰かが自分の言い分には権威があると主張したからといって、それを認めなければならないわけではないのである。

スタット・ウォーズを解釈する

論者は統計を用いて、社会問題についての主張を裏づけようとする。自分の主張に疑問を投げかけるように思われる数字を持ち出してくることはめったにない。社会問題についてコンセンサスを取りつけることができるかぎり、また、その主張があまり反対にあわないかぎり、論者の挙げる数字は疑問に付されないですむ。一方、社会的争点をめぐる論争では、互いに競合し矛盾する主張が飛び交う。そして、そうした主張にはしばしば統計をめぐる議論が含まれる。私たちがスタット・ウォーズと呼んできたものだ。

スタット・ウォーズは混乱を引き起こす。私たちは数字を事実と考えがちなので、たいていの人は互いに対立する数字をどう折り合わせるかで苦労する。確かに、スタット・ウォーズはしばしば報道機関を悩ませる。報道は事実を提示する、そして、記者や編集者は、その数学が事実と思われるから統計を伝えたいと思う、それが理想だ。(17) 報道機関は、明らかに矛盾する数字に直面したとき（たとえば、100万人大行進の規模についての互いに対立する推定の場合)、単に見解の相違があると確認する以上のことはなかなかできない。論者にとってさえ、スタット・ウォーズは悩みのたねである。論者はしばしば自分の統計を信じ、その数字への異論には怒りをあらわにする。よくても論敵は誤解しているのだ。悪くすれば、相手の数字は真っ赤な嘘だ。

社会問題に関するおかしい統計のなかには故意に人を欺くものもあるが、混乱、無能さ、数字オンチの産物、あるいは、正しいと論者が考える主義や利益を肯定する数字を生みだす選択的でひとりよがりな営みの産物も少なくない。むしろそういうのが大多数だろう。スタット・ウォーズへの対応としていちばんいいのは、誰が嘘をついているかを推測しようとすることではなく、まして、自分と意見の異なる人たちのほうが嘘をついているのだと考えることではない。むしろ、おかしい統計が生じる標準的な原因——当て推量、疑わしい定義や方法、突然変異統計、不適切な比較——に気をつけることが必要なのだ。場合によっては、ある数字が正しく、別の数字に深刻な欠陥があるという結論を下せるかもしれないし、異なる問いに答えるのに異なる方法を用いたために異なる数字が出てきたのだと気づくかもしれない。どんな結論を下すにせよ、あらゆる統計に対する理解が深まるはずだ。

6 社会統計を考える——批判的アプローチ

ある種の事物に魔力があると人々が信じている文化がある。人類学者はこうした事物を呪物（物神）と呼ぶ。私たちの社会では統計が一種の呪物となっている。私たちは、統計に魔力があるかのように、統計が単なる数字以上のものであるかのように見なしがちだ。真理を力強く表現したものとして統計を扱い、統計が現実の複雑さと混乱から単純な事実を抽出したものであるかのように振る舞うのだ。私たちは、統計を用いて、込み入った社会問題をよりわかりやすい推定値、パーセンテージ、率に変換する。統計は私たちの関心を集める。何を、どれだけ心配すべきかを教えてくれる。ある意味で、社会問題は統計となる。そして、私たちが統計を議論の余地のない真理として扱うので、統計は社会問題への私たちの見方に対して一種の呪物のような魔術的支配力を発揮する。私たちは統計を、私たちがつくりだす数字としてではなく私たちが発見する事実として考える。

しかし、もちろん、統計はひとりでに生まれるわけではない。人々が創造しなければならないのだ。現実は込み入っており、統計はどれも、誰かがおこなった要約、複雑な現実を単純化したものである。統計はすべてつくりだされなければならず、そのプロセスでおこなわれるさまざまな選択が常に、出てくる数字を左右し、ひいては問題を要約し単純化したその数字を見て私たちが何を理解するかを左右する。統計をつくりだす人々は定義を選ばなければならない。何を数えたいのかを定義しなければならない。そして、数える方法を選ばなければならない。こうした選択が、あらゆるまともな統計、そしてあらゆるおかしい統計を形づくっている。おかしい統計は私たちの理解をゆがめる形で現実を単純化するが、よい統計は歪曲を最小限に抑える。完璧な統計などないが、他のものほど不完全ではないものもある。よかれあしかれ、統計はすべてその生みの親の選択を反映している。

この本では、社会統計を批判的に考えるための指針を示してきた。社会統計によく見られる問題をいくつか挙げ、具体例で説明してきた。一般的な問題や原則より、その具体例のほうが理解しやすい場合が多い。それでも、読者はこの本を読んで、社会統計に付きまとう最も一般的な欠陥のいくつかに対して理解を深めたことと思う。また、読者は統計の素性（第2章で扱った定義、計測方法、標本抽出などの問題）について基本的な疑問を発することができるようになり、統計がゆがめられる要因（第3章）をいくつか知っており、不適切な比較をおこなうリスク（第4章）を理解しているし、競合する統計をめぐる論争（第5章）に直面したとき、まるでお手上げだなどということはもはやないだろうと期待する。だが、このような薄い本で、統計の誤りの包括的なリストを示すことは望めない。

統計を解釈するには、ありがちな誤りのチェックリスト以上のものが要る。新たに出会った統計について考えるのに使える一般的アプローチ、指針、考え方が要る。私たちは統計を注意して扱わなければならない。これはむずかしいかもしれない。何しろ、統計を呪物として扱う人が私たちの社会にこれほど数多くいるのだから。これを、畏怖する人々の態度と呼んでいい。批判的に考えず、統計に魔力があるかのように行動する人たちだ。畏怖する人々は、耳にする統計がいつも理解できるわけではないことはわかっているが、それを気にはしない。だいたい、誰が魔術的な数を理解できるだろう。畏怖する人々の敬虔な諦念は深い考えに基づくものではない。思考の放棄なのだ。私たちは異なるアプローチを必要としている。そこで三つのアプローチが頭に浮かぶ。素朴な人、シニカルな人、批判的な人の考え方だ。

素朴な人々

素朴な人々は畏怖する人々よりはやや見識のある人たちだ。統計のことを少しは理解している——パーセンテージ、率といったことについてなにがしかは知っている——つもりでいる人が少なくないが、この人たちのアプローチは基本的に統計を受け入れるというものだ。素朴な人々は、統計は一般に正確であり、見かけどおりのことを意味していると考える。そして、少なくとももいくらか数字オンチの人が多い。時折、基本的な数学上の概念について混乱することもある（「億、兆——どう違うんだ。どっちも要するに大きな数だ」）。名前から察せられるとおり、素朴な人々は、単純でひとをすぐに信用してしまいがちだ。数字に疑問を抱かないし、数字がその裏にいる人々の利害によってどのように形づくられているか、考えない。素朴な人々は誠実であり、統計を掲げる人たちも同じように誠実で数字は妥当なものだ、と考える。

素朴な人々は、ひとの数字を消費するだけではない。統計をつくりだし、広めることもある。活動家が社会問題の規模について推定値を示すときの態度は、しばしば素朴なものである

（「これは大問題で、これは大きな数字だ——この数字はだいたい合っているにちがいない」）。そして、ひとたびある数字が流布すると、素朴な記者たちがそれを伝えるかもしれない（「語られている数字はこれだけだから、この数字はかなり正確であるにちがいない」）。素朴な人々は、数字オンチであれば、しばしば突然変異統計を生みだす。全然理解していない数字を受け売りしようとするとき、新たなおかしい数字をつくりだしてしまいやすい。

素朴な人々（および、この人たちよりやや批判的態度の乏しい畏怖する人々）は、統計をつくりだし、広め、ゆがめてしまうだけでなく、こうした数字を耳にする人々の大多数を占めてもいる。素朴な人々が数字に疑問を抱く見込みは小さい。それがどんなに信じがたい誇張でも。何しろ、素朴な人々は普通、統計がおかしいかもしれないなどと疑わないし、たとえ疑っていても、おかしい統計を見分けるすべを知らないのだ。定義や計測方法について考える可能性も、不適切な比較を見つける可能性も小さく、統計をめぐる論争にただ戸惑うばかりだ。素朴な人々は耳にしたことを驚くほど容易に受け入れてしまい（「拒食症で若い女性が年に15万人も死んでいるんだって！　こわいね！」）、容易に影響され、まるで無批判である。と同時に、素朴な人々は統計に特別な価値をおくわけではない。不安をかきたてる例、知り合いの意見、うわさなどの情報源にも同じように影響されるかもしれない。素朴な人々は、おかしい統計に欠陥があると疑わないばかりでなく、しばしば、統計がかなりよいものである場合にそのことに気づかない。社会統計の受け手の大多数は、少なくともある程度素朴である。

シニカルな人々

シニカルだと言える人々は素朴な人々より数が少ないが、きわめて重要だ。シニカルな人々は統計に疑念を抱く。おそらく数字には欠陥があり、その欠陥は意図的なものだろうと信じている。統計を、ひとを操作する営みと見なす。「真っ赤な嘘」より悪いというのだ。この人々は数字を信用しない（「統計を使えば何でも証明できる」）。

シニカルな人々は統計の生みの親として誰よりも重要だ。統計をつくりだす人々は、ある目標――自分の業界、主義、イデオロギー、集団の利益を図るという目標――を抱いており、統計を、その目標を達成する手段と見ている。シニカルな人々は、望みどおりの結果をもたらす調査を考案する。特定の回答を促すような言い回しで質問する。望みどおりの回答をしそうなサンプルを選ぶ。結果が望みどおりの形をとるまでデータを改竄する。極端な例では、嘘をつき、目的に適う数字をでっちあげてしまう。シニカルな人々は、受け手がおおかた素朴な人々であることをあてにしている。素朴な人々は与えられる数字を何でも受け入れてしまうのだから、こちらが望むとおりに考え振る舞うよう、この人たちに影響を及ぼす数字を与えようではないか、というわけだ。

素朴な人々とシニカルな人々の区別は、それほどはっきりしてはいない。統計を宣伝する人々には、ひとを説得したいと思っている人が多い。こういう人は増進したい利益や達成したい目標をもち、統計をそのための道具と見る。こういう点を考えると、この人たちはシニカルな人々に入るように思われるかもしれない。だが、同時に、この人たちはしばしば自分が宣伝している数字の限界を不完全にしか理解していない。シニカルな人々も数字オンチを免れないのだ。つまり、シニカルな人々もある意味で素朴であり、自分自身の数字が示しているように見えることを信じているかもしれないのである。

また、シニカルな人々は、統計の受け手の役割も演じる。この場合、何であれ数字を耳にすると、何かおかしいところがあるにちがいないと勘ぐる。シニカルな人々は「統計を使えば何でも証明できる」と疑っているので、それを理由に、あらゆる数字――とりわけ自分の信念に異論を突きつける数字――を無視してしまうことができる。この種のシニシズムは、妊娠中絶や銃規制といった社会的争点をめぐる論争に最もはっきり見て取れる。争点の一方の側についたシニカルな人々は、相手側が統計を示せばすぐにその信憑性に疑念を差し挟む。自分の気に入らない数字の欠陥を指摘するときには驚くほどの有能さを見せるかもしれない。ただし、自分の側の数字を同じ批判的な目で吟味することはめったにない。そして、もちろん、こういう人たちが相手側の用いる統計は信用できないとけなすと、素朴な人々はますます混乱してしまう。

ここできちんと理解していただかなければならないことがある。この本の意図はシニカルな人々を増やすことにはない。あらゆる統計を無価値なものと切り捨てる態度を助長したくはない。素朴な人々のなかにとどまるか、シニカルな人々の仲間に入るかのどちらかを選ばなければならないわけではない。第三の、はるかに優れた選択肢があるのだ。

批判的な人々

第三の選択肢は統計を批判的に検討するというものだ。批判的であるというのは、否定的であるとか敵対するということではない。シニシズムではないのだ。批判的な人々はよく考えて統計を扱う。出会う数字をすべて素朴に受け入れる、あるいはシニカルに斥けるという極端な態度は避ける。むしろ、数字について評価を下し、よい統計とおかしい統計を区別しようとする。

批判的な人々は、社会統計のなかにはかなりよいものもあるが、完璧なものはないと理解している。統計はどれも、複雑な情報を比較的単純な数字に要約するすべだ。統計を用いるときは常に、情報や複雑性はいくらか失われてしまう。批判的な人々は、これが統計につきものの限界であることを認識している。さらに、どの統計も選択——あるカテゴリーを広く定義するか狭く定義するかの選択、計測方法の選択、標本の選択——の結果であることを理解している。人々が定義、計測方法、標本を選択する理由はさまざまである。ある問題の何らかの側面を強調したいのかもしれないし、特定のやり方を選ぶと、データを集めるのがたやすく、安上がりにすむのかもしれない。考慮していい事情はたくさんある。どの統計もいろいろな選択肢の折衷物だ。おそらく、どの定義も——どの計測方法も、どの標本も——限界があり、批判できるだろう。

批判的であるとは、ただ統計の欠陥を指摘するということではない。繰り返しになるが、どんな統計にも欠陥がある。問題は、ある統計の欠陥がその統計の有用性を損なうほど重大なものかどうかだ。定義が広すぎて、あまりにも多くの正への誤分類を含んで（あるいは、狭すぎて、あまりにも多くの負への誤分類を排除して）しまっていないだろうか。定義を変えたら、統計はどう変わるだろうか。計測方法やサンプルの選択は統計にどう影響するだろうか。異なる計測方法やサンプルを選んだら、どうなるだろうか。統計はどのように用いられているだろうか。適切に解釈されているか、それとも、意味がゆがめられて、突然変異統計を生みだしているか。おこなわれている比較は適切か、それとも、リンゴがオレンジと混同されているか。スタット・ウォーズに見られる相対立する数字は、異なる選択からどのように生じるのか。これらが、批判的な人々が発する問いだ。

避けられないものに立ち向かう

実際問題として、現代社会の市民にとって社会問題についての統計を避けるのはほとんど不可能である。統計はさまざまな形で現れ、ほとんどあらゆるケースで、統計を宣伝する人々が私たちを説得しようとする。活動家は統計を用いて、社会問題が深刻で、注目と懸念に値すると納得させようとする。慈善団体は統計を利用して寄付を募る。政治家は統計を用いて、自分たちは社会の抱える問題を理解しており、支持するに値すると説得する。メディアは統計を用いて、報道を劇的で説得力があり、興味を引きつけるものにする。企業は統計を利用して製品を宣伝し、利益を増やそうとする。研究者は統計を使って、調査結果を報告し、自分の結論を裏づける。私たちと意見が一致する人たちは、統計によって、私たちが正しい側にいると保証してくれるし、私たちと意見を異にする人たちは、統計によって、私たちが間違っていると納得させようとする。統計は、私たちの社会で人々が用いる標準的な証拠のタイプの一つなのだ。

単に統計を無視し、統計など存在しないかのように振る舞うのは不可能だ。現実から目を背けるこのようなアプローチは代償が大きすぎる。統計がなければ、私たちが社会について深く考える能力は限られてしまう。統計がなければ、ある問題がどのくらい大きいのか、悪化しているのか、その問題に対処するために立案された政策が実際にどのくらいうまくいっているかを正確に判断するすべがない。畏怖する人々と素朴な人々の統計に対する態度は、統計を無視するのにおとらずまずい。統計には魔術的な性質などない。あらゆる統計を等しく妥当なものと考えるのは愚かである。シニカルなアプローチも正解ではない。統計はあまりに普及し、あまりに役立っており、機械的に全部信頼できないとするわけにはいかない。

統計について評価を下すうえで考慮しうる項目を挙げたチェックリストがあると便利だろう。この本で論じた主題は、そのようなチェックリストのアウトラインと考えることもできる。リストは、定義、計測方法、標本抽出、突然変異などについて起こりうる問題を詳細に述べたものでもいい。実際、これらは多くの統計に見られる欠陥だ。ただ、これを正式の完全なチェックリストと見なすべきではない。統計の欠陥の完全なリストをつくるのは不可能だろう。どれだけリストを長くしても、統計に影響を及ぼしかねない問題はまだあるはずだ。

目標はリストを暗記することではなく、慎重なアプローチを考えだすことだ。統計について批判的になるには、数字について疑問を発する用意が必要だ。たとえば、報道を見聞きして新たな統計に出会ったら、批判的な人々は評価を下そうとする。この数字の出所は何なのだろうか。どうやってこの数字を出したのだろうか。この数字を出したのは誰で、どんな利害があるのだろうか。鍵となる言葉にはどのような定義がありうるのだろうか。そして、どの定義が選ばれたのだろうか。この現象にはどのような計測方法があり、そのうちどれが選ばれたのだろうか。どのようなサンプルが集められ、そのサンプルは結果にどう影響するのか。統計は適切に解釈されているか。比較がおこなわれているのか。そうだとすれば、比較は適切か。競合する統計があるか。そうだとすれば、対立する統計を掲げる人たちはその争点にどんな利害がかかっているのか。また、その利害はその人たちの統計の用い方にどんな影響を与えそうか。なぜ統計が対立するように思われるのか、対立する陣営どうしが数字を用いる仕方にはどんな違いがあるのかを理解することは可能か。

一見すると、この疑問のリストには気押されてしまうかもしれない。普通の人——統計を雑誌の記事で読んだり、ニュースで耳にしたりする人——がどうやってこんな問いの答えを見つけたらいいのか。確かに報道では、統計がつくりだされたプロセスについて詳しい情報はめったに示されない。それに、何もかも放り出して、新たに出会った何らかの数字の背景を調べる時間のある人など少ない。批判的であろうとしても、そのために必要な作業をするのは不可能であるように思える。

しかし、実際には批判的な人々はあらゆる統計の源泉を調べなくてもいい。批判的であるとは、むしろ、数字を前にすると畏怖の念にとらえられてしまうのではなく、あらゆる統計につきものの限界を理解するということだ。（素朴な人々と違って）あらゆる統計をすぐに信用したりしない、額面どおりに受け取ってしまったりしないということである。しかし、統計は常に不完全ではあるが役に立つこともあるという点を理解するということでもある。批判的な人々は（シニカルな人々とは違い）あらゆる統計を反射的に否定してしまったりせず、判断を留保する。興味深い数字に出会ったら、それについてもっと深く知り、その数字の強みと弱点を評価しようとするかもしれない。

もちろん、批判的なアプローチをとるべき対象は統計に限らなくていいし、限るべきではない。社会問題について学ぶときはいつも、報道を見聞きしたり、演説を聴いたりして出会うすべての証拠に対してこのアプローチをとるべきだ。社会問題についての主張ではしばしば劇的で興味をそそる例が取り上げられる。批判的な人々は、それが典型的な事例か、極端な例外的事例か、そのどちらである可能性が大きいのかという問いを立てるかもしれない。また、社会問題についての主張にはしばしばさまざまな情報源からの引用が盛り込まれており、批判的な人々は、情報源がなぜそうしたことを語ったのか、なぜ引用されたのかを考えるかもしれない。さらに、この人たちは専門知識があるのだろうか。ひとに影響を与えれば得をする立場にあるのか。さらに、社会問題についての主張は普通、問題の原因と解決策の候補についての議論を含んでいる。批判的な人々は、そうした議論が納得のゆくものかどうかと問う。この議論は論理的だろうか。提案されている解決策は実行可能で適切なものだろうか、など。批判的である――主張に出会ったとき懐疑的で分析的な立場をとる――というアプローチは、統計を扱う場合にとどまらない。

統計は魔術ではない。いつも正しいわけでも、いつも間違っているわけでもない。必ずしも理解不可能なものではない。批判的なアプローチは、私たちが必ず出会うさまざまな数字に対処する効果的な方法である。批判的であるには、それだけよく考えなければならないが、批判的な考え方をとらなければ、ひとの言うことについて評価を下すことができない。批判的に考えなければ、私たちが耳にする統計はそれこそ魔力をもってしまうかもしれないのだ。

謝辞

この本は、もともとフィリップ・ジェンキンズと私がいっしょに書こうと計画したものである。フィリップは結局、プロジェクトをたくさん抱えていたため、この本を書く時間をつくれなかったが、気前よく例を挙げ、資料を教え、草稿にコメントを加えてくれた。また、マーガレット・アンダーセン、ロネット・バックマン、ロイ・ビルダーバック、ロバート・ブロードヘッド、ジェイムズ・A・ホルスタイン、テモシー・クバル、ドニリーン・R・ロセケ、デイヴィッド・F・ラッケンビル、トレイシー・M・ティボドーの貴重なコメントも有益だった。さらに、デラウェア大学の優等生であるタミー・エイダー、ブライアン・アーバン、アンドリュー・デヴロー、トーマス・マドゥラ、カレン・マクリーディー、ジャクリン・ニクニック、メガン・ショー、バーバラ・スウィーニー、デニーズ・ウィーヴァー、ケリー・ウェストローム、メリッサ・ズウィッケルが原稿全体を読んで、貴重な意見を述べてくれた。推論にありがちな誤りを批判する本を書くというのは、厄介な仕事だ。読者はこの本そのものに誤りを見つけてしまうかもしれない。ひとのせいにできればいいのだが、原稿にコメントを加えてくれた友人たちがくれた助言は——こちらが常にそれを採用したわけではないが——適切なものだった。だから、この本の欠陥は私の責任である。

訳者あとがき

物事について事実から大きくはずれた数字が発表され、メディアによって事実として伝えられることがある。この本で扱われている統計と違い、一つの事件をめぐる数字にすぎないが、原書が世に出て数ヶ月後、私たちはその実例を目の当たりにした。二〇〇一年九月一一日に米国で起こった同時多発テロに関して、たとえば、ある新聞は、当局による死者・行方不明者数の集計結果が重複分の判明などによって下がったことを度々報じていながら、最新の発表に基づいて、「……5千人以上の市民らを犠牲にした無差別テロ……」（一〇月九日社説）、「……［世界貿易センタービルに対するテロで］失われた5千人を超える人命……」（一一日社説）、「5千人を超える行方不明者が出た世界貿易センター跡地で、身元がわかったのは370人どまり。4815人が不明のままだ」（同夕刊）、「5千人以上の死者・行方不明者を出した同時多発テロ事件……」（一一月六日朝刊）、と書いた。事件から一年後に世界貿易センタービル跡でおこなわれた追悼式典では、そこで亡くなったと市が認定した2801人の名前が読み上げられた。事件全体の犠牲者数は３０２５人とされた。この事件に関して当局の発表した数字の推移から、大勢の犠牲者が出る大事件・大災害の直後の混乱した状況で死者・行方不明者数についておおよそ正確な推定値を出すことがいかにむずかしいかがわかる。この例では、数字の発信源にも、それを正確な数字として伝えたこの新聞にも、世間を欺こうなどという意図がなかったのは明らかだ。一見お上を信用しないかに見えるメディアも、意外に当局の発表を鵜呑みにしがちなものだ。でたらめな統計も、それがでたらめだと気づかないメディアによって伝えられることがあるのである。

今挙げた誤りは発信源そのものによって時々刻々と自然に訂正されていったので、長期にわたって信じられつづける心配はなかったが、数字の誤りすべてに同じことが言えるわけではない。世の中には根拠もないのに長い間信じられつづける事柄がある。そして、そのように独り歩きする誤解のなかには誤った統計数字もあるのだ。

この本は、統計数字リテラシー学習の入門書として簡便な本である。統計的推測の基本事項に触れながら、統計あるいはそれに基づく議論を見るときに私たちが陥りかねない落とし穴について警告を発してくれる。そして、論理の飛躍で数字がつくりだされたり、数字の意味が取り違えられたりして、話が大げさになっていった驚くべき事例の数々を紹介してくれている。米国には有名人に対してストーカー行為をしている人が20万人いるのか。米国では毎年15万人の女性が拒食症で死んでいるのか。一九九六年に米国南部で人種差別主義者による黒人の教会への放火が異常発生したのか（異常発生したのだと訳者自身思っていた）。インターネットからダウンロードされる画像の大半はポルノなのか。米国のカトリック司祭の6

%が子供とセックスしたことがあるのか。米国では連続殺人犯の犠牲者が年間4000人以上に上るのか。10人に1人が同性愛者なのか。自殺するティーンエイジャーの3分の1が同性愛者なのか。児童虐待は急増しているのか。コカインを常習している妊婦が生んだ子供の問題はどれくらい深刻なのか。多数の黒人男性が集まった一九九五年の100万人大行進の参加者数は何人だったのか。流布したでたらめな数字の例として、ちょっと計算してみれば非現実的だとわかる数字も挙げられている。この本を読んでも大して学ぶことはないほどすでに統計数字リテラシーが高い方にも、そういう面で楽しんでいただけるのではないか（もっとも、数字をめぐるとんでもない誤解がこんなに広がっているというのは、笑いごとではないかもしれないが）。

せ，1999年に「フィラデルフィア・インクワイアラー」紙が，フィラデルフィア警察が犯罪率を意図的に過少に報告していたことを暴露した．

in Black and White (New York: Simon & Schuster, 1997)とStephen R. Shalom, "Dubious Data: The Thernstroms on Race in America," *Race and Society* 1 (1998): 125-57で述べられている人種に関する統計の解釈を対比してみるといい.

10. William J. Bennett, *The Index of Leading Cultural Indicators: American Society at the End of the Twentieth Century*, rev. ed. (New York: Broadway Books, 1999); Marc Miringoff and Marque-Luisa Miringoff, *The Social Health of the Nation: How America Is Really Doing* (New York: Oxford University Press, 1999). 特定の主題に的を絞った本としては, 他に Women's Action Coalition, *WAC Stats: The Facts about Women* (New York: New Press, 1993); Joni Seager, *The State of Women in the World Atlas*, 2d ed. (London: Penguin, 1997); Farai Chideya, *Don't Believe the Hype: Fighting Cultural Misinformation about African-Americans* (New York: Plume, 1995); Doug Henwood, *The State of the U.S.A. Atlas* (New York: Simon & Schuster, 1994); Bennett L. Singer and David Deschamps, *Gay & Lesbian Stats: A Pocket Guide of Facts and Figures* (New York: New Press, 1994) などがある.

11. Bennett, *Index of Leading Cultural Indicators*, p. 4.

12. Miringoff and Miringoff, *Social Health of the Nation*, p. 5.

13. Miringoff and Miringoff は経済指標と社会指標を比較している : *Social Health of the Nation*, pp. 11-14. 当然, あらゆる経済統計は統計に関する標準的な問題——定義, 計測, 標本抽出など——に直面せざるをえない. 多くの経済統計の限界を概観するには, Maier, *The Data Game* を参照のこと.

14. Miringoff and Miringoff, *Social Health of the Nation*, pp.84-85.

15. Bennett, *Index of Leading Cultural Indicators*, p. 74.

16. Women's Action Coalition, *WAC Stats*, pp. 21, 25.

17. 時には, 疑わしい統計に疑問を呈する報道がおこなわれることもある. たとえば, 1985年に「デンヴァー・ポスト」紙が, 活動家の推計で行方不明の子供の数が誇張されているとする記事を載

Race Relations," *Washington Post*, October 18, 1995, p. A1.

4. Christopher B. Daly and Hamil R. Harris, "Boston U. Sets March at 837,000," *Washington Post*, October 28, 1995, p. C3.

5. Herbert A. Jacobs, "To Count a Crowd," *Columbia Journalism Review* 6 (Spring 1967): 37-40.

6. Leef Smith and Wendy Melillo, "If It's Crowd Size You Want, Park Service Says Count It Out," *Washington Post*, October 13, 1996, p. A34. 1997年に社会学者のClark McPhailとJohn McCarthyが示した推計によると，男性キリスト教団体「プロミス・キーパー」が催したある集会に集まった群衆の規模は——McPhailによると「100万人大行進の群衆よりずっと大きく」——48万人だった．群衆のなかにいたある牧師は，その場に250万人がいたと主張した．Linda Wheeler, "Unofficial Estimates Point to Crowded Day on the Mall," *Washington Post*, October 5, 1997, p. A17.

7. 国勢調査をめぐる現在の争点についての入門書としては，Margo J. Anderson and Stephen E. Fienberg, *Who Counts? The Politics of Census-Taking in Contemporary America* (New York: Russell Sage Foundation, 1999); Harvey Choldin, *Looking for the Last Percent: The Controversy over Census Undercounts* (New Brunswick, N.J.: Rutgers University Press, 1994); Peter Skerry, *Counting on the Census? Race, Group Identity, and the Evasion of Politics* (Washington, D.C.: Brookings Institution Press, 2000) がある.

8. 所得分布をめぐる現在の争点については，次の文献を参照のこと。Peter Gottschalk, "Inequality, Income Growth, and Mobility: The Basic Facts," *Journal of Economic Perspectives* 11 (Spring 1997): 21-40; Maier, *The Data Game*, pp. 144-65; Martina Morris and Bruce Western, "Inequality in Earnings at the Close of the Twentieth Century," *Annual Review of Sociology* 25 (1999): 623-57; Stephen J. Rose, *Social Stratification in the United States*, rev. ed. (New York: New Press, 2000).

9. たとえば，Stephan Thernstrom and Abigail Thernstrom, *America*

Review 51 (1986): 767-80.

5. James A. Inciardi, Hilary L. Surratt, and Christine A. Saum, *Cocaine-Exposed Infants* (Thousand Oaks, Calif.: Sage, 1997), pp. 21-38.

6. Fumento, *The Myth of Heterosexual AIDS*.

7. Cheryl L. Maxson and Malcolm W. Klein, "Street Gang Violence: Twice as Great, or Half as Great?" in *Gangs in America*, ed. C. Ronald Huff (Newbury Park, Calif.: Sage, 1990), pp. 71-100.

8. Ray August, "The Mythical Kingdom of Lawyers," *ABA Journal* 78 (September 1992): 72-74.

9. David C. Berliner and Bruce J. Biddle, *The Manufactured Crisis: Myths, Fraud, and the Attack of America's Public Schools* (Reading, Mass.: Addison-Wesley, 1995), pp. 51-63; Gerald W. Bracey, "Are U.S. Students Behind?" *The American Prospect* 37 (March 1998): 64-70.

10. 2000年の国勢調査ではじめて，いくつかの人種の血を受け継いでいるという答えが選択肢として回答者に与えられた．人種への分類の問題については，William Petersen, *Ethnicity Counts* (New Brunswick, N.J.: Transaction, 1997) 参照．

11. U.S. Bureau of the Census, *Statistical Abstract of the United States, 1997*, 117th ed., p. 201.

12. David M. Heien and David J. Pittman, "The Economic Costs of Alcohol Abuse," *Journal of Studies on Alcohol* 50 (1989): 577.

13. William Fremouw, Ty Callahan, and Jody Kashden, "Adolescent Suicidal Risk," *Suicide and Life Threatening Behavior* 23 (1993): 46.

第5章

1. Best, *Threatened Children*, pp. 45-64.

2. Scott Bowles, "Park Police Can Count on a Disputed Crowd Figure," *Washington Post*, October 15, 1995, p. B1.

3. Stephen A. Holmes, "After March, Lawmakers Seek Commission on

社会学者は高度なロジスティック回帰分析の結果を解釈するときにこの用語をよく用いる．この調査をおこなった人たちは，もっと単純でまるで異なる統計数字を指してこの用語を用いた．

23. Alfred C. Kinsey, Wardell B. Pomeroy, and Clyde E. Martin, *Sexual Behavior in the Human Male* (Philadelphia: W. B. Saunders, 1948)［キンゼイ他『人間に於ける男性の性行為』上・下，永井潜他訳，コスモポリタン社，1950］; Kinsey, Pomeroy, Martin, and Paul H. Gebherd, *Sexual Behavior in the Human Female* (Philadelphia: W. B. Saunders, 1953)［キンゼイ他『人間女性における性行動』上・下，朝山新一他訳，コスモポリタン社，1954］.

24. Kinsey, Pomeroy, and Martin, *Sexual Behavior in the Human Male*, p. 651.

25. Edward O. Laumann, John H. Gagnon, Robert T. Michael, and Stuart Michaels, *The Social Organization of Sexuality: Sexual Practices in the United States* (Chicago: University of Chicago Press, 1994).

26. この例は，Philip Jenkins による未発表の論文から借りた．

第 4 章

1. Mary Allen and Terri Sanginiti, "Del. Drivers at a Deadly Pace," [Wilmington, Del.] *News Journal*, July 2, 2000, p. A1.

2. Douglas J. Besharov, "Overreporting and Underreporting Are Twin Problems," in *Current Controversies on Family Violence*, ed. Richard J. Gelles and Donileen R. Loseke (Newbury Park, Calif.: Sage, 1993), pp. 257-72; U.S. Bureau of the Census, *Statistical Abstract of the United States: 1997*, 117th ed., p. 219.

3. Ronet Bachman and Linda E. Saltzman, "Violence against Women: Estimates from the Redesigned Survey," *Bureau of Justice Statistics Special Report*, August, 1995.

4. Fred Block and Gene A. Burns, "Productivity as a Social Problem: The Uses and Misuses of Social Indicators," *American Sociological*

Molester in Modern America (New Haven: Yale University Press, 1998), pp. 210-11.

12. Dennis Gaboury and Elinor Burkett, "The Secret of St. Mary's," *Rolling Stone*, November 11, 1993, p. 54.

13. Philip Jenkins, *Pedophiles and Priests: Anatomy of a Contemporary Crisis* (New York: Oxford University Press, 1996), p.80.

14. Marc Riedel, "Counting Stranger Homicides: A Case Study of Statistical Prestidigitation," *Homicide Studies* 2 (1998): 206-19.

15. Philip Jenkins, *Using Murder: The Social Construction of Serial Homicide* (Hawthorne, N.Y.: Aldine de Gruyter, 1994).

16. Riedel, "Counting Stranger Homicides."

17. Joel Best, "The Vanishing White Man: *Workforce 2000* and Tales of Demographic Transformation," in *Tales of the State: Narrative and Contemporary U.S. Politics and Public Policy*, ed. Sanford F. Schram and Philip T. Neisser (Lanham, Md.: Rowman & Littlefield, 1997), pp.174-83; and William B. Johnstone and Arnold E. Packer, *Workforce 2000: Work and Workers for the Twenty-first Century* (Indianapolis: Hudson Institute, 1987).

18. U.S. Department of Labor, *Workforce 2000: Executive Summary* (Washington, D.C., 1987), p. xiii.

19. Frank Swoboda, "Students of Labor Force Projections Have Been Working without a 'Net,'" *Washington Post*, November 6, 1990, p. A17.

20. Warren Furutani in U.S. House of Representatives, Committee on Education and Labor, *Hearing on H.R. 2235, Workforce 2000 Employment Readiness Act of 1989*, November 3, 1989, p. 69.

21. Lisa M. Schwartz, Steven Woloshin, and H. Gilbert Welch, "Misunderstandings about the Effects of Race and Sex on Physicians' Referrals for Cardiac Catheterization," *New England Journal of Medicine* 341 (1999): 279-83.

22.「オッズ比」という用語は，統計でさまざまな意味をもつ．

the Line: Alternative Poverty Measures and Their Implications for Public Policy (Washington, D.C.: Urban Institute Press, 1990).

27. Michael Fumento はこれを「リスクの民主化」と呼んでいる：*The Myth of Heterosexual AIDS* (New York: Basic Books, 1990).

第 3 章

1. Carol Lawson, "Doctors Cite Emetic Abuse," *American Anorexia/Bulimia Association Newsletter*, June 1985, p. 1.

2. Christina Hoff Sommers, *Who Stole Feminism?* (New York: Simon & Schuster, 1994), pp. 11-12.

3. U.S. Bureau of the Census, *Statistical Abstract of the United States: 1997*, 117th ed. (Washington, D.C., 1997), p.96［アメリカ合衆国商務省センサス局『現代アメリカデータ総覧 1997』鳥居泰彦監訳，東洋書林，1998］.

4. Michael Kelly, "Playing with Fire," *New Yorker*, July 15, 1996, pp. 28-36.

5. Michael Fumento, "A Church Arson Epidemic? It's Smoke and Mirrors," *Wall Street Journal*, July 9, 1996; James B. Jacobs and Elizabeth E. Joh, "Tremors on the Racial Fault Line: The 1996 Black Church Fires in Retrospect," *Criminal Law Bulletin* 34 (1998): 497-519.

6. James B. Jacobs and Kimberly Potter, *Hate Crimes: Criminal Law and Identity Politics* (New York: Oxford University Press, 1998).

7. Ann Pellegrini, "Rape Is a Bias Crime," *New York Times*, May 27, 1990, p. E-13.

8. Michael J. Berens, "Hatred Is a Crime Many Just Ignore," *Chicago Tribune*, January 11, 1998, pp. 1, 16.

9. Ibid.; Jacobs and Potter, *Hate Crimes*, pp. 55-59.

10. Marty Rimm, "Marketing Pornography on the Information Superhighway," *Georgetown Law Journal* 83 (1995):1849-1934.

11. Philip Jenkins, *Moral Panic: Changing Concepts of the Child*

為や犯罪すれすれの行為も暴力に含まれ，女性に対する暴力の発生件数がたいへん多く出る.」: Michael D. Smith, "Enhancing the Quality of Survey Data on Violence against Women," *Gender and Society* 8 (1994): pp. 110-11.

17. Joel Best, *Random Violence: How We Talk about New Crimes and New Victims* (Berkeley and Los Angeles: University of California Press, 1999), p. 105.

18. Gordon Hawkins and Franklin E. Zimring, *Pornography in a Free Society* (New York: Cambridge University Press, 1988).

19. 読み書き能力のあるなしに関する定義の移り変わりについては，Harvey J. Graff, *The Legacies of Literacy: Continuities and Contradictions in Western Culture and Society* (Bloomington: Indiana University Press, 1987) 参照.

20. ホームレスの競合する定義については，Jencks, *The Homeless*; James D. Wright, Beth A. Rubin, and Joel A. Devine, *Beside the Golden Door: Policy, Politics, and the Homeless* (Hawthorne, N.Y.: Aldine de Gruyter, 1998) 参照.

21. James D. Wright, Peter H. Rossi, and Kathleen Daly, *Under the Gun: Weapons, Crime, and Violence in America* (New York: Aldine, 1983), pp. 215-41; Kleck, *Targeting Guns*, pp. 325-29.

22. Lloyd Stires and Philip J. Klass, "3.7 Million Americans Kidnapped by Aliens?" *Skeptical Inquirer* 17 (Winter 1993): 142-46.

23. Mary Koss, Christine Gidycz, and Nadine Wisniewski, "The Scope of Rape: Incidence and Prevalence of Sexual Aggression and Victimization in a National Sample of Higher Education Students," *Journal of Consulting and Clinical Psychology* 55 (1987): 162-70.

24. Gilbert, "Advocacy Research and Social Policy."

25. Smith, "Enhancing the Quality of Survey Data."

26. Leonard Beeghley, "Illusion and Reality in the Measurement of Poverty," *Social Problems* 31 (1984): 322-33; Patricia Ruggles, *Drawing*

査者は，年に 100 万人以上の女性と 37 万人を超える男性がストーカーの被害に遭っていると推計した．Patricia Tjaden and Nancy Thoennes, "Stalking in America: Findings from the National Violence against Women Survey," *National Institute of Justice/Centers for Disease Control and Prevention Research in Brief*, April 1998, p. 3.

11. Hewitt, "Estimating the Number of Homeless."

12. Peter H. Rossi, "No Good Applied Social Research Goes Unpunished," *Society* 25 (November 1987), 73-79.

13. 1994 年の全国犯罪被害調査では，強姦されたことがあると報告した回答者の 36%が，警察に通報したと述べた: Kathleen Maguire and Ann L. Pastore, eds., *Sourcebook of Criminal Justice Statistics, 1996* (Washington, D.C.: Bureau of Justice Statistics, 1997), p. 224. 通報にはさまざまな要因が影響を及ぼすことがわかっている: Ronet Bachman, "The Factors Related to Rape Reporting Behavior and Arrest: New Evidence from the National Crime Victimization Survey," *Criminal Justice and Behavior* 25 (1998): 8-29.

14. Mary P. Koss, "The Underdetection of Rape: Methodological Choices Influence Incidence Estimates," *Journal of Social Issues* 48, 1 (1992): 61-76.

15. Max Singer, "The Vitality of Mythical Numbers," *The Public Interest* 23 (1971): 3-9; Peter Reuter, "The Social Costs of the Demand for Quantification," *Journal of Policy Analysis and Management* 5 (1986): 807-12; Reuter, "The Mismeasurement of Illegal Drug Markets," in *Exploring the Underground Economy*, ed. Susan Pozo (Kalamazoo, Mich.: Upjohn Institute, 1996), pp. 63-80.

16. まさに広い定義が大きな数字につながるという理由で，広い定義を主張する研究者もいる．「おおかたの全国犯罪調査では，暴力が狭い法的な意味で定義され，女性に対する暴力の発生件数がたいへん少なく出る．〔…〕一方，フェミニストによる調査では，暴力が女性の主観的体験に基づいて定義され，犯罪には当たらない行

the Development of his Faculties (Gainesville, Fla.: Scholars' Facsimiles & Reprints, 1969 — reproduction of the 1842 English translation of the 1835 French original), p. 82.

2. Christopher Jencks, *The Homeless* (Cambridge: Harvard University Press, 1994), p. 2 に引用されている.

3. たとえば，高齢者虐待の被害者が 100 万人いる（Stephen Crystal, "Elder Abuse: The Latest 'Crisis,'" *The Public Interest* 88 [1987] : 56-66）とか，行方不明の子供が 200 万人いるという主張もある（Joel Best, *Threatened Children: Rhetoric and Concern about Child-Victims* [Chicago: University of Chicago Press, 1990]）し，もちろん，ホームレスが 300 万人いるという主張もある（Hewitt, "Estimating the Number of Homeless"）.

4. Scott Adams, *The Dilbert Principle* (New York: Harper Collins, 1996), p. 83［アダムス『ディルバートの法則』山崎理仁訳，アスキー，1997］.

5. 「ナンバーロンダリング」という表現は，David F. Luckenbill から借りた.

6. Kathleen S. Lowney and Joel Best, "Stalking Strangers and Lovers: Changing Media Typifications of a New Crime Problem," in *Images of Issues*, 2d ed., ed. Joel Best (Hawthorne, N.Y.: Aldine de Gruyter, 1995), pp. 33-57.

7. Mike Tharp, "In the Mind of a Stalker," *U.S. News & World Report*, February 17, 1992, pp. 28-30.

8. Sally Jessy Raphael, "Miss America Stalked," February 15, 1994, Journal Graphics transcript no. 1420.

9. William Sherman, "Stalking," *Cosmopolitan*, April 1994, pp. 198-201.

10. 全米のストーカー行為発生件数を測ろうという初の本格的な試みは，1995 年の終わりから 1996 年はじめにかけておこなわれた全国調査である．ここでは，最初の推測より高い推定値が出た．調

Social Problems, 2d ed. (Hawthorne, N.Y.: Aldine de Gruyter, 1995); Donileen R. Loseke, *Thinking about Social Problems* (Hawthorne, N.Y.: Aldine de Gruyter, 1999) がある.

6. 活動家や専門家がつくりだした統計については, Neil Gilbert, "Advocacy Research and Social Policy," *Crime and Justice* 20 (1997): 101-48 を参照.

7. 力をもつ組織がどれほど自らの目的を達成する統計を生みだすことができるかについては, Cynthia Crossen, *Tainted Truth: The Manipulation of Fact in America* (New York: Simon & Schuster, 1994) 参照.

8. Gary Kleck, *Targeting Guns: Firearms and Their Control* (Hawthorne, N.Y.: Aldine de Gruyter, 1997).

9. Paulos, *Innumeracy*, p. 3.

10. John I. Kitsuse and Aaron V. Cicourel, "A Note on the Uses of Official Statistics," *Social Problems* 11 (1963): 131-39; Robert Bogdan and Margret Ksander, "Policy Data as a Social Process," *Human Organization* 39 (1980): 302-9.

11. 自殺の記録業務については, Jack D. Douglas, *The Social Meanings of Suicide* (Princeton: Princeton University Press, 1967) 参照.

12. 警察が作成する統計に組織の慣行が及ぼす影響については多くの研究がある. たとえば, Richard McCleary, Barbara C. Nienstedt, and James M. Erven, "Uniform Crime Reports as Organizational Outcomes," *Social Problems* 29 (1982): 361-72.

第2章

1. Albert D. Biderman and Albert J. Riess Jr., "On Exploring the 'Dark Figure' of Crime," *Annals of the American Academy of Political and Social Sciences* 374 (1967): 1-15. 犯罪学者は「暗数」という言葉を何十年来用いている. 問題は犯罪学に関する初期の文献ですでに理解されていた. たとえば, Lambert A. J. Quetelet, *A Treatise on Man and*

に関する計測を説明し，その限界を概説する．また，特定の分野に的を絞った本もいろいろある．たとえば，Clive Coleman and Jenny Moynihan, *Understanding Crime Data: Haunted by the Dark Figure* (Buckingham, U.K.: Open University Press, 1996).

4. John Allen Paulos, *Innumeracy: Mathematical Illiteracy and Its Consequences* (New York: Random House, 1988)［パウロス『数字オンチの諸君！』野本陽代訳，草思社，1990］.

第1章

1. Timothy J. Gilfoyle, *City of Eros: New York City, Prostitution, and the Commercialization of Sex, 1790-1920* (New York: Norton, 1992), p. 57.

2. Marilynn Wood Hill, *Their Sisters' Keepers: Prostitution in New York City, 1830-1870* (Berkeley and Los Angeles: University of California Press, 1993), p. 27. 引用した各種の推定値は本書および Gilfoyle, *City of Eros* に報告されている．

3. Christopher Hewitt, "Estimating the Number of Homeless: Media Misrepresentation of an Urban Problem," *Journal of Urban Affairs* 18 (1996): 432-47.

4. 統計の歴史については，M. J. Cullen, *The Statistical Movement in Early Victorian Britain: The Foundations of Empirical Social Research* (Sussex: Harvester Press, 1975); Theodore M. Porter, *The Rise of Statistical Thinking, 1820-1900* (Princeton: Princeton University Press, 1986)［ポーター『統計学と社会認識』長屋政勝他訳，梓出版社，1995］を参照．

5. 社会問題の社会的構成については多くの研究がある．このアプローチの入門書としては，Malcolm Spector and John I. Kitsuse, *Constructing Social Problems* (Menlo Park, Calif.: Cummings, 1977)［キツセ／スペクター『社会問題の構築』村上直之他訳，マルジュ社，1990］; Joel Best. ed., *Images of Issues: Typifying Contemporary*

註

はじめに

1. Children's Defense Fund, *The State of America's Children Yearbook — 1994* (Washington, D.C.: Children's Defense Fund, 1994), p. x.

2. トウェインは自伝でこの表現を使っているが，これは「ディズレイリが言ったとされる言葉」だと述べている．

3. Darrel Huff, *How to Lie with Statistics* (New York: Norton, 1954)［ハフ『統計でウソをつく法』高木秀玄訳，講談社ブルーバックス，1968］．より高度な議論をしている本としては，A. J. Jaffe and Herbert F. Spirer, *Misused Statistics: Straight Talk for Twisted Numbers* (New York: Dekker, 1987) がある．特定の主題について書かれた優れた本もある．グラフと表については，Edward R. Tufte, *The Visual Display of Quantitative Information* (Cheshire, Conn.: Graphics Press, 1983). 地図については，Mark Monmonier, *How to Lie with Maps* (Chicago: University of Chicago Press, 1991)［モンモニア『地図は嘘つきである』渡辺潤訳，晶文社，1995］．世論調査については，Herbert Asher, *Polling and the Public: What Every Citizen Should Know*, 3rd ed. (Washington, D.C.: Congressional Quarterly Press, 1998). Mark H. Maier, *The Data Game: Controversies in Social Science Statistics*, 3d ed. (Armonk, N.Y.: Sharpe, 1999) はお馴染みの社会，経済，政治

〈た〉

〈な〉

〈は〉

〈さ〉

索引

ジョエル・ベスト（Joel Best）
カリフォルニア大学バークリー校で社会学のPh.Dを取得。カリフォルニア州立大学，南イリノイ大学などで教鞭をとり，現在デラウェア大学社会学・刑事司法学部教授。

＊

林　大（はやし　まさる）
翻訳家。1967年，千葉県生まれ。東京大学経済学部卒業。訳書にベスト『なぜ賢い人も流行にはまるのか』，『統計という名のウソ』，ザイエンス『光と視覚の科学』（白揚社），バーリンスキ『史上最大の発明アルゴリズム』（早川書房），グリーン『エレガントな宇宙』（共訳，草思社），クロース『自然界の非対称性』（紀伊國屋書店）などがある。

ISBN978-4-8269-0111-6

統計《とうけい》はこうしてウソをつく

二〇〇二年十一月十日 第一版第一刷発行
二〇一七年九月十日 第一版第七刷発行

著者 ジョエル・ベスト
訳者 林《はやし》大《まさる》

発行者 中村幸慈

発行所 株式会社 白揚社 © 2002 in Japan by Hakuyosha
東京都千代田区神田駿河台一―七 郵便番号一〇一―〇〇六二
電話＝(03)五二八一―九七七二 振替＝〇〇一三〇―一―二五四〇〇

装幀 岩崎寿文

印刷所 株式会社 工友会印刷所

製本所 牧製本印刷株式会社

トーマス・ズデンドルフ著　寺町朋子訳

現実を生きるサル　空想を語るヒト

人間と動物をへだてる、たった2つの違い

動物には人間と同じような心の力があるのか？　動物行動学や心理学、人類学などの広範な研究成果から動物とヒトの知的能力の違いを探り、人間の心がもつ二つの性質が高度な知性と人間らしさを生みだす様子を解明する。

四六判　４４６頁　２７００円

ダグラス・ケンリック著　山形浩生・森本正史訳

野蛮な進化心理学

殺人とセックスが解き明かす人間行動の謎

性や暴力といった刺激的なトピックから、偏見、記憶、芸術、宗教、経済、政治、果ては人生の意味といった高尚なテーマまで、今もっとも注目を集める研究分野＝進化心理学の知見を総動員して徹底的に解説。

四六判　３４０頁　２４００円

クリストファー・ボーム著　斉藤隆央訳

モラルの起源

道徳、良心、利他行動はどのように進化したのか

なぜ人間にだけ道徳が生まれたのか？　気鋭の進化人類学者が進化論、動物行動学、狩猟採集民の民族誌など、さまざまな知見を駆使して人類最大の謎に迫り、エレガントで斬新な新理論を提唱する。（解説　長谷川眞理子）

四六判　４８８頁　３６００円

クライブ・フィンレイソン著　上原直子訳

そして最後にヒトが残った

ネアンデルタール人と私たちの50万年史

地球上に現れた20種を超える人類のなかで、大きな成功をおさめたのが私たち人間とネアンデルタール人だった。なぜ彼らは滅び、私たちが生き残ったのか？　ネアンデルタール人研究の第一人者が贈るスリリングな論考。

四六判　３６８頁　２６００円

デボラ・ブラム著　藤澤隆史・藤澤玲子訳

愛を科学で測った男

異端の心理学者ハリー・ハーロウとサル実験の真実

画期的な「代理母実験」をはじめ、物議をかもす数々の実験で愛の本質を追究し、心理学に革命をもたらした天才科学者ハリー・ハーロウ。その破天荒な人生と母性愛研究の歴史、心理学の変遷を魅力溢れる筆致で描く。

四六判　４３２頁　３０００円

経済情勢により、価格が多少変更されることがありますのでご了承ください。
表示の価格に別途消費税がかかります。

トマス・レヴェンソン著　寺西のぶ子訳

ニュートンと贋金づくり

天才科学者が追った世紀の大犯罪

十七世紀のロンドンを舞台に繰り広げられた、国家を揺るがす贋金事件。天才科学者はいかにして犯人を追い詰めたのか？　膨大な資料と綿密な調査をもとに、事件解決に至る攻防をスリリングに描いた科学ノンフィクション。四六判　３３６頁　２５００円

マーク・ブキャナン著　阪本芳久訳

人は原子、世界は物理法則で動く

社会物理学で読み解く人間行動

人間を原子と考えると、世界はこんなにわかりやすい！　どうして金持ちはさらに金持ちになるのか、人種差別や少子化はなぜ起こるのか……これまで説明がつかなかった数々の難問を、新たな視点で解き明かす。四六判　３１２頁　２４００円

マーク・ブキャナン著　熊谷玲美訳　高安秀樹解説

市場は物理法則で動く

経済学は物理学によってどう生まれ変わるのか？

市場均衡、合理的期待、効果的市場仮説…これまで経済学が教えてきた考えでは、現実の市場は説明できない。数々のベストセラーで、物理学の視点から人間社会を見事に読み解いてきた著者が経済学の常識に鋭く斬り込む。四六判　４２０頁　２４００円

レオン・レーダーマン＆クリストファー・ヒル著　吉田三知世訳

詩人のための量子力学

レーダーマンが語る不確定性原理から弦理論まで

ノーベル賞物理学者が、物質を根底から支配する不思議な量子の世界を案内する。基本概念から量子コンピューターなどの応用まで、数式をほとんど使わずにやさしい言葉で説明した、だれもが深く理解できる量子論。四六判　４４８頁　２８００円

レオン・レーダーマン＆クリストファー・ヒル著　小林茂樹訳

対称性

レーダーマンが語る量子から宇宙まで

世界は対称性に支配されている！　宇宙を支配する究極の論理とは？　ノーベル賞物理学者レーダーマンがビッグバンから相対性理論、量子力学、対称性の破れ、ヒッグスボソンまで、物理学の再前線を語り尽くす。四六判　４６８頁　３２００円

経済情勢により、価格が多少変更されることがありますのでご了承ください。
表示の価格に別途消費税がかかります。